U0038554

初戀和
最後的故事

關於大腦、生命和愛，奧立佛・薩克斯的記憶之書

Oliver Sacks
奧立佛・薩克斯 —— 著

羅亞琪 —— 譯

目次

臨床故事

生命未完待續

推薦序

原來人腦是這麼令人驚嘆的器官

賴其萬／和信治癌中心醫院醫學教育講座教授

前些日子接到三民書局來函，邀我為醫師作家奧立佛．薩克斯（Oliver Sacks）的遺作 *Everything in Its Place: First Loves and Last Tales* 中譯本《初戀和最後的故事》撰寫推薦序。想不到自己一反常態，還沒有看完整本書的譯文就答應下來。因為唯有如此，我才有機會先睹為快，而在看過全書以後，我也欣然同意接受這天上掉下來的禮物。

薩克斯是我非常心儀的醫師作家，他的幾本膾炙人口的名著、自傳，以及他的摯友在他離世後的追思，都已有中譯本問世。而這本書是他過世後，有心人發現他還有一些未曾出版的書稿能集結成冊，也因此這本書沒有作者的自序。看完這本由各種不同主題集結而成的好書，一方面對其豐富的內容及涉獵之深度與廣度歎為觀止，一方面發現這種多主題的書很難以書摘的方式介紹，因此我選擇介紹薩克斯多采多姿的人生，讓讀者更了解這本書的背景。

薩克斯出生於英國，從小家庭環境非常優渥，他的父母都是愛好文學藝術的醫師，父親既是一般科開業醫師，也是游泳健將，母親則出身名門，是當時英國少有的外科女醫師，父母在餐桌上經常談病人的故事，所以他自幼就很習慣醫師的生活。他除了從小就是游泳高手，也喜好各種運動。他在二十幾歲、牛津大學醫學院畢業後不久，便離開英國，而後的五十多年都一直定居於美國。他的生活精彩充實，在洛杉磯時曾得到舉重競賽蹲舉冠軍，且喜愛重型機車，在加州大學洛杉磯分校（UCLA）結束研究員訓練(fellowship)之後，馬上從星期五晚上騎重機由洛杉磯奔向紐約，追星趕月地於星期日晚上到達，並在隔天一早就報到上班。他一生有許多不尋常的經驗，喜歡冒險、充滿活力，也因此擁有豐沛的生活作為寫作的題材。

他熱愛歷史與科學，博覽群書，記憶、敘述與獨立思考能力超凡，加上頂尖的學經歷，讓他能游刃於醫學、文學、藝術與歷史，其中最值得稱道的是他在紐約初期那段非常不平凡的際遇，使他在神經學界與文學界脫穎而出。一九一七年至一九二八年間，歐美爆發大規模的「昏睡性腦炎」，薩克斯那時在一所收容八十多位病患的安養中心服務，他觀察到這些眼神呆滯、沒有活力或希望的病人，遠比一般帕金森氏症更嚴重，他形容這些病人像是「關在盒子裡生活」，或是「睡美人」。所幸一九六七年開始，有人發現帕金森氏症是因為缺乏「多巴胺」（Dopamine），而以化學方法合成了「左多巴」（L-DOPA，又譯左旋多巴）這種藥品來治療病人。想不到這些昏睡多年的病人突然醒了過來，所以他在一九七三年收集了他所照顧的二十位這類病人的故事，出版了《睡人》，並於一九九〇年搬上大銀幕，由兩位天王巨星羅賓．威廉斯（Robin Williams）與勞勃．迪尼洛（Robert De Niro）演活書中主角。

我第一次見到薩克斯醫師本人是在一九九三年九月，加拿大溫哥華的世界神經學會議（World Congress of Neurology），他因為《睡人》提高了社會大眾對神經科學的認知，而榮獲大會的表揚。他當天的受獎答詞使我留下深刻的印象，他以清晰的英國口音，語重心長地說：「我們大家是醫『病人』的病，而不是醫『病』而已，不管多忙，我們要切記，不要忘了人與人的關係。」他的父親當時已經高齡九十四歲，即使家人苦勸仍堅持到病人家出診，說他「不能讓病人受苦等待」。薩克斯這一席如沐春風的演講，迄今仍令我難忘。

希望這篇對薩克斯醫師的簡介，可以引導讀者們更認識他，並透過這本書，開始與這位神經學界的奇人對話，體會他一直想傳達的「原來人腦是這麼令人驚嘆的器官」，更希望你也與我一樣，成為他的粉絲。

推薦序

影響一整個世代的腦科學啟蒙作家

謝伯讓／臺灣大學心理學系副教授

一九九五年前後，天下文化出版了兩本奧立佛．薩克斯的著作：《錯把太太當帽子的人》與《火星上的人類學家》。這兩本書開啟了許多人對於大腦與神經科學的好奇和興趣，而當年剛念大一的我，也是其中之一。

在接下來的數年間，我因為受到薩克斯著作的影響，走上了腦與心靈的研究之路。十年過後，在美國達特茅斯學院攻讀心理與腦科學學位的期間，我終於親眼見到了這位當年影響了一整個世代年輕人的腦科學啟蒙作家。

二〇〇五年，薩克斯受邀擔任達特茅斯學院的蒙哥馬利學者（the Montgomery Fellows），在校園北邊的歐坎湖畔住上了一整個秋天。當時他的演講以及和學生們的會後交談，我至今仍印象深刻。他在演說中談到了大腦、學習以及創造力，並舉出各種生物

（包括本書中也有提及的，他最愛的頭足類動物）和人類的認知與神經差異。他的演講方式和寫作風格十分類似，只要拉張椅子坐下之後，他就能侃侃而談一整個下午，在精彩的故事中夾雜著自己獨到的見解，讓聽眾們如癡如醉地進入心流般的忘神聆聽狀態。

薩克斯私底下的個性，則是令人訝異的沈默與害羞。我自認為在社交上已經頗為內向，但在和薩克斯交談時，我反倒成了比較外向的那一方。他告訴我和其他學生們，他的內向或許是因為自己患有「臉孔失認症」，這是一種無法辨別他人臉孔的知覺缺陷，當年他在《錯把太太當帽子的人》書中，也曾經描述過這樣的病人。

令人遺憾地，薩克斯離開達特茅斯學院後的隔年，也就是二〇〇六年，就因為眼葡萄膜黑色素瘤的治療而失去了立體視覺，後來右眼的視力也完全消失，他也將這段經歷記錄在他二〇一〇年出版的《看得見的盲人》中。隨後，他的健康便每況愈下，最終於二〇一五年辭世，享年八十二歲。

所幸的是，薩克斯的許多手稿在他過世後仍陸續集結出版，《初戀和最後的故事》也因此得以問世。在閱讀薩克斯的這本「新作」時，我的情緒與記憶宛如又回到初次見到他的歐坎湖畔。一如他過往的諸多精彩著作，我在書中再次看到薩克斯流暢的文字、生動的故事、踏實的態度，以及犀利的洞見。書中除了有他孩童與求學時的心路歷程，也有一直深受過往讀者喜愛的各種真實神經學案例。無論你是想初次閱讀薩克斯，或是想要回味「新的」薩克斯，這本書都將帶領你進入神祕的腦神經科學世界，體會生命與人類心智的無限可能。

我的那些初戀

水寶寶

我和我的三個哥哥都是水寶寶。我們的父親是個游泳健將（他曾連續三年贏得懷特島外海十五英里的游泳競賽），熱愛游泳勝過一切，在我們每個人出生僅一週時就帶我們下水。在那樣的年紀，游泳是一種本能反應，所以我們從來沒有真正「學習」如何游泳（姑且不論這是好是壞）。

我造訪密克羅尼西亞的加羅林群島時，想起了這段經歷，因為在那裡，就連還在學步的幼兒也會毫不畏懼地跳入潟湖，用類似狗爬式的招式游泳。那裡人人都會游泳，沒有人「無法」游泳，而且這些島民的泳技非常高超。麥哲倫和其他航海家在十六世紀來到密克羅尼西亞時，對於當地人的泳技感到相當驚訝，看著島民游泳潛水、乘風破浪，不禁將他們比作海豚。那裡的孩童格外如此，在水中悠然自得，其中一位探險家說他們「比起人，看起來更像魚」。我們西方人便是在二十世紀初從太平洋島民身上學會了捷泳這種強而有力的優美姿勢；捷泳比在那之前西方主要使用的蛙泳姿勢還要好，更符合人類的身形。

我自己並不記得有受過任何游泳指導；我想，我是在跟父親一起游泳的時候學會那些招式的，雖然他那緩慢慎重、一次就能前進一大段距離的姿勢不太適合小男孩（他力氣很大，體重將近一百一十五公斤）。但是，我看得出來在陸地上龐大笨重的父親，一到水中就變得跟鼠海豚一樣優雅，而容易忸怩緊張、也很笨拙的我，在水裡也會出現同樣美妙的轉變，變成一個新的存在，找到一個新的存在模式。我還記得很清楚，在我五歲生日又一個月後的夏天，我們到英國的海邊度假，我跑到爸媽房間，拉著龐大如鯨的父親說：「爸爸快點！我們去游泳！」他慢慢轉過身，睜開一隻眼：「早上六點就把四十三歲的老人吵醒做什麼呢？」現在，我父親已經不在了，而我的歲數幾乎是他當時的一倍，那麼久以前的回憶拉扯著我的心，讓我又想笑、又想哭。

我的青少年時期很不好過。我罹患一種怪異的皮膚病，一位醫師說是「遠心性環狀紅斑」(Erythema annulare centrifugum)，另一位醫師說是「持久性回狀紅斑」(Erythema gyratum perstans)，聽起來很高級專業，然而兩個人都治不好我，使我身上布滿膿瘡，看起來就像個痲瘋病患，或至少感覺是這樣，所以我都不敢在海邊或泳池游泳，只能偶爾幸運地找到一座偏遠的湖泊解游泳的癮。

上了牛津，我的皮膚突然好了，讓我極為如釋重負，想要裸泳一番，感受水在毫無阻礙的情況下流過我身體每一吋肌膚。有時，我會到查威爾河的帕森愉悅池游泳，這裡從一六八〇年代或更早之前就作為裸體泳池使用，讓人彷彿可以感覺到斯溫伯恩(Algernon Charles Swinburne)和克拉夫(Arthur Hugh Clough)等著名牛津校友的鬼魂聚集在此。夏日午後，我會在查威爾河上划船，找一個靜謐的地方停泊，然後慵懶地游泳一整天。有時，我會在晚上沿著河邊的曳船小徑跑步，經過遠遠超出牛津市區範圍的艾希斯酒館和伊弗雷船閘。然後，我會跳進河裡游泳，直到河川與我彷彿合而為一，同步流動。

游泳成為我在牛津最熱愛的活動，從那之後一直都是如此。我在一九六〇年代中期搬到紐約後，開始到布隆克斯區的果園海灘游泳，有時也會花幾個小時繞城市島一圈。我後來住了二十年的房子，就是這樣找到的：在一次繞島途中，我停下來欣賞水邊一座迷人的亭子，接著上岸，走到街上，看見一棟紅色的小房子在出售，便請滿臉疑惑的屋主帶我參觀房子（我身上還滴著水），接著走去找負責的房仲，想辦法說服她我有興趣(她不常接待穿著泳衣的客人)，然後在島嶼的另一頭重新下水，最後游回果園海灘。就這樣，我游泳游到一半買了一棟房子。

我通常四月到十一月會到戶外游泳（那時候比較健朗），冬天則會到當地的YMCA游泳。一九七六至七七年，我在威斯特徹斯特郡的弗農山YMCA被提名為頂尖長泳選手，因為我在比賽中游了五百趟，相當於六英里的距離。若不是評審說：「好了，你可以回家了！」我還會繼續游下去。

有些人可能會認為游五百趟泳池一定很單調無聊，但我從不覺得游泳單調或無聊。游泳給我喜悅，那種極度舒暢的感覺有時甚至變成一種狂喜。游泳時進行的每一個擺動都必須全心投入，但是同一時間，頭腦又能無拘無束地飄蕩，好似入了迷，進入出神的狀態。我從來沒做過會帶給人欣快程度如此強大卻又不傷身的事情。我對游泳上癮，沒辦法游泳時便心煩意亂。

十三世紀的鄧斯．司各脫 (Duns Scotus) 提到了 "*condelectari sibi*" 的概念，也就是意志在自己的活動中找到樂趣的意思；跟我們同時代的米哈里．契克森米哈伊 (Mihaly Csikszentmihalyi) 則說到「心流」的概念。游泳讓人感覺「很對」，就像其他類似的流動和具有音樂性的活動。此外，游泳還會帶來美妙的漂浮感、懸浮在厚重透明的介質中受到支持與擁抱的美好感受。我們在水中移動、玩耍的方式，跟在空氣中不一樣。我們可以探索水的力學、流動和各種面向；雙手可以像螺旋槳一樣移動，或是像小小的船舵；

我們可以變成一架小小的水上飛機或潛水艇，研究自己身體的流動物理學。

除此之外，游泳還有各種象徵：充滿豐富想像的共鳴與傳說般的潛力。我父親說，游泳是長生不老藥。對他來說確實是如此：他每天都會游泳，速度隨著年紀的增長只有稍微減慢，就這樣游到九十四歲高齡。我希望我也能跟他一樣，游泳游到死去那天。

懷念南肯辛頓

打從有記憶以來，我就一直很喜愛博物館。它們在我的生命中扮演了核心角色，刺激我的想像力，並以鮮明具體卻整齊劃一的縮小版本，向我展示這個世界的秩序。我喜歡植物園和動物園的原因也是這個：這些地方展示了經過分類整理的大自然，也就是生命的分類學。在這方面，書本就沒那麼真實，它們只是文字而已。博物館展出的是經過排序的真實物體、大自然的模範。

南肯辛頓有四座宏偉的博物館，全都蓋在同一塊地上，且全部以維多利亞全盛期的巴洛克風格建成，因此被視為具有多面相的單一整體。它們使知識普及，讓每個人都能認識自然史、科學以及文化研究等領域。

南肯辛頓博物館群（還有皇家學會及其備受歡迎的聖誕講座）是在維多利亞時期設立的獨特教育機構，我至今仍跟兒時一樣，把它們看成博物館的精髓。

這四座博物館分別是自然史博物館、地質學博物館、科學博物館以及文化史相關的維多利亞與亞伯特博物館。我是科學派的，所以從沒去過維多利亞與亞伯特，但是其他三間被我視為同一座博物館，我一天到晚往那裡跑，閒暇的午後、週末、假期，只要有時間就去。我不喜歡博物館閉館時不得其門而入，有天晚上還想辦法在自然史博物館準備閉館時躲在無脊椎動物化石區（那裡不像恐龍區或鯨魚區有那麼多人看守），獨自一人在博物館度過魔幻的夜晚，戴著頭燈在各個展區閒逛。夜巡博物館期間，熟悉的動物變得可怕怪異，一張張臉孔會突然從黑暗中冒出，或像鬼魂般飄浮在燈光邊緣。毫無光線的博物館幾乎令人精神錯亂，因此當早晨來臨時，我並不難過。

我在自然史博物館有許多朋友，包括：巨頭螈屬和引螈屬這兩種巨大的兩棲動物，牠們的頭骨化石有一個洞，是第三隻眼，又稱作松果眼；分類在立方水母目之下的燈水母，牠們是擁有神經節和眼睛的動物中，階層最低的生物；還有放射蟲和太陽蟲的美麗吹製玻璃模型。然而，我最鍾愛的生物、最特殊的熱忱，卻是頭足類動物，自然史博物館正好有非常棒的館藏。

我可以花好幾個小時觀看這些烏賊，像是一九二五年擱淺在約克郡海岸的巨魷；以及黑漆漆的吸血烏賊——這種罕見的深海物種在觸手之間有著雨傘狀的蹼，上面布滿閃閃發亮的小星星，可惜這裡只有收藏蠟像模型；當然，還有一隻跟鯨魚困在殊死搏鬥瞬間的大王魷魚。

可是，吸引我的不只是巨型或奇形怪狀的烏賊。我喜歡打開展示櫥窗（特別是在昆蟲和軟體動物的展區）下面的抽屜，觀看同一個物種或貝殼的不同品種和紋路，認識各個品種偏好的地理環境。我沒辦法像達爾文一樣到加拉巴哥群島比較每一座島嶼上的文雀，但我能在博物館退而求其次做到依舊精彩的事情。我不需要離開南肯辛頓，就能想像自己成為一名博物學家，手中握著通往全世界的門票。

博物館的員工慢慢認識我之後，有時會讓我走進龐大上鎖的門，進入新蓋的「精神館」的私密空間。博物館真正的工作就在這裡完成——接收來自世界各地的標本，進行分類、檢視、解剖，還要辨識新物種或替特展做準備。腔棘魚目底下的「活化石」茅尾魚便是近期新發現的例子，這種生物原本被認為在白堊紀就滅絕，後來卻被發現還存活在世界上。上牛津之前，我在精神館連續待了許多天；我的朋友艾瑞克．科恩則在那裡整整待了一年。那時候，我們都深愛著分類學，我們的內心全都住著維多利亞時代的博物學家。

我喜歡博物館老派的玻璃與紅木樣貌，所以當博物館在一九五〇年代，我念大學期間變得又現代又俗氣、還開始展示一些趕時髦的收藏時，我很憤怒（最後還變成互動式博物館)。另一位朋友強納森．米勒跟我一樣懷念過去、厭惡現在。他有一次寫信給我，說：「我非常緬懷那個深褐色的時代，真渴望那個地方能突然回到黑白模糊的一八七六年。」

自然史博物館外面有一座宜人的花園，裡頭有滅絕已久的封印木化石和各種蘆木。植物化石對我有非常強烈的吸引力，假如強納森緬懷的是一八七六年的黑白色調，我則是想要侏儸紀時代蕨類與蘇鐵森林的綠。在青少年時期，我還曾經夢過巨大的石松和木賊，以及其他太古時期的巨型裸子植物森林覆蓋住整個地表，然後氣呼呼地醒來，想到它們早已消失許久，這個世界已被色彩繽紛的現代開花植物給占據。

從自然史博物館的侏儸紀化石花園，只需要走一百公尺左右，就會來到就我所知永遠不曾有人出沒的地質學博物館(可惜的是，這間博物館現在已不存在，其館藏已經納入自然史博物館)。懂得欣賞、夠有耐心的人，就會發現這裡充滿特殊的寶藏和不為人知的樂趣。例如，這裡展示了一塊來自日本的巨大輝銻礦，高一百八十公分，就像一根水晶陽具或圖騰柱，令我著迷不已，幾乎肅然起敬。此外，這裡還有一塊來自懷俄明州魔鬼塔的響岩。博物館的館員熟識我之後，會讓我用手心敲敲它，它會發出一種低沉卻又像鑼一樣具有回音的嗡嗡聲，彷彿有人敲擊鋼琴的共鳴板。

我喜歡這個無生命世界特有的氛圍，體會美麗的水晶由一模一樣的原子晶格排列而成，多麼完美。但是，它們雖然是完美的數學化身，其感官美也讓我心動。我會花好幾個小時研究淡黃色的硫晶體和淡紫色的螢石晶體，這些聚合礦物宛如珠寶，或是服用仙人掌毒鹼後產生的幻覺；此外，我也會仔細觀察赤鐵礦的腎狀形態，這些貌似「有機」的怪異礦石跟巨型生物的腎臟如此相像，讓我有那麼一瞬間忘記自己身在哪間博物館。

不過，最後我總會來到科學博物館，因為這是我這輩子進入的第一座博物館。早在兒時戰爭尚未開打前，我的母親就帶我和哥哥來這裡。她會帶我們走過那些魔法般的展區，參觀早期發明的飛機、工業革命時期狀似恐龍的機器、古老的光學儀器，接著走到最上面一個較小的展區——使用原始設備重建的煤礦場。她會說：「你們看！看那裡！」她會指著一個老舊的礦工燈，然後說：「這是我的父親、你們的外公發明的喔！」我們會低下頭閱讀說明文字：「這是由馬庫斯．蘭多 (Marcus Landau) 在一八六九年所發明的蘭多燈，取代了之前的漢弗里．戴維燈。」每當我讀到這段文字，一種怪異的興奮感就會油然而生，讓我覺得自己跟這間博物館和外公 (他出生於一八三七年，當時早已去世) 產生一種個人連結，覺得他和他的發明似乎仍真實存在著。

然而，科學博物館帶給我真正的啟發，是我十歲在五樓發現的元素週期表。那裡展出的週期表可不是現代那種時髦討厭的小螺旋，而是覆蓋整面牆的長方形表格，每個元素都有個別的格子，只要可以辨得到，還會放置真正的元素實物在裡面，像是黃綠色的氯、咖啡色的溴、漆黑色的碘晶體（氣體形態則是淡紫色）、沉重的鈾塊和飄浮在油中的鋰塊。博物館甚至有展出惰性氣體（又稱鈍氣），包括氦、氖、氬、氪、氙（沒有氡，我猜是因為氡太危險了）。這些裝在密封玻璃管的氣體當然是看不見的，但它們確實在裡面。

元素的實體讓人深刻感受到，這些真的是組成宇宙的基石，彷彿整個宇宙就在南肯辛頓以縮小版的形式存在。看見這張元素週期表，使我心中滿溢真與美的感受，就好像這不單單只是人類隨心所欲建構出來的，而是永恆宇宙秩序的真實樣貌，未來的任何發現和進展不管再添加什麼樣的元素，都只會強化、重申這個秩序的真理。

十歲的我站在南肯辛頓科學博物館的元素週期表面前，深深體會到大自然永恆不變的宏偉定律，體會到只要我們努力尋覓，就有可能證實這些定律是能夠被我們理解的。這種體悟從不曾離開我，即使過了五十年仍未減一絲一毫。那一刻，我的信仰和人生已經決定好了。我的毗斯迦山、我的西奈山❶，就存在於博物館之中。

❶ 編按：耶和華曾吩咐摩西至毗斯迦山 (Mount Pisgah) 瞭望應許之地；西奈山 (Mount Sinai) 又稱摩西山，是基督教的聖山。此處應是作者藉此比喻科學即是他的信仰。

初 戀

在一九四六年的一月，我十二歲半的時候，我從漢普斯特的霍爾小學轉到漢墨斯密一間更大的學校聖保羅。我就是在這裡的沃克圖書館，第一次遇見強納森．米勒。當時我躲在角落閱讀一本十九世紀有關靜電的書，讀到有關「電蛋」(electric eggs) 的內容，突然有一道陰影落在我的書頁上。我抬起頭，看見一個很高、身材瘦長、臉部表情非常活躍的男孩，他有發亮、淘氣的雙眼，還有一頭茂盛的紅髮。我們聊了起來，從那之後就一直是很好的朋友。

在那之前，我真正的朋友只有一個，他是我幾乎打從出生就認識的艾瑞克．科恩。艾瑞克隔年也從霍爾小學轉到聖保羅，跟我和強納森變成形影不離的三人組，不只我們有私交，彼此家長也認識（我們的父親在三十年前曾一起就讀醫學院，彼此的家庭關係一直很密切）。強納森和艾瑞克不像我一樣那麼熱愛化學，不過在一、兩年前，他們曾跟我一起進行一個絢麗的化學實驗：把一大塊金屬鈉扔進漢普斯特荒野的海蓋特池塘，然後興奮地看著它著火，像顆發狂的隕石般在水面衝來衝去，底下冒出一大片黃色火焰。他們兩個對生物學充滿興趣，所以等學習生物學的時候到了，我們自然修了同一堂生物課，一起愛上了生物學老師席德．帕斯克。

帕斯克是一個很棒的老師，但是他思想偏狹、冥頑不靈、口吃嚴重（我們老愛模仿他），而且稱不上絕頂聰明。他會透過勸說、諷刺、揶揄或強迫的方式讓我們不去從事其他活動，無論是體育和性愛、宗教和家庭，或是學校的其他學科。他要我們跟他一樣專注在生物學上。

他的學生大多認為他是個要求極高、做事極為一絲不苟的嚴師。他們會竭盡所能地想辦法逃離這位學究小心眼的專制統治。雙方會拉扯一陣子，然後突然間，這些學生不會再感受到任何阻力——他們自由了。帕斯克不會再挑他們毛病，也不再對他們的時間和精力做出荒唐的要求。

但是每一年，總有一些學生會接受帕斯克的挑戰。對於我們這些學生，他會貢獻自己的所有，把全部的時間和心力用來教導我們生物學。我們會在自然史博物館待到很晚；犧牲每個週末收集植物；在冷得不得了的冬天一大早起床，參加他的一月淡水行程。每年，我們還會跟他一起去密爾波特，學習三個星期的海洋生物學，那些回憶至今仍甜得幾乎令人無法承受。

密爾波特位於蘇格蘭西岸的外海，有一個設備美麗的海洋生物學站，裡面的員工總是友善地歡迎我們，讓我們參加正在進行的實驗。當時，他們正在觀察海膽的發育，羅特希爾德男爵 (Lord Rothschild) 在進行海膽的受精實驗（這項實驗不久後就會變得很出名），對於我們這些充滿熱忱的學童非常有耐心，願意讓我們圍在裝有透明幼蟲的培養皿旁邊觀看。強納森、艾瑞克和我一起到多石的海岸探險數次，我們會計算從布滿地衣（這裡的地衣有個好聽的學名 *Xanthoria parietina*）的岩石頂端到底下的海岸線和潮池之間，每平方公尺的區域有多少動物和海草。艾瑞克是個特別足智多謀的人，有一次我們需要用一條鉛錘線得到真正的垂直線，卻不知道怎麼懸掛它，於是他便將岩石基底的一顆笠貝撬起來，把鉛錘線的一端壓在笠貝下面，然後牢牢地將笠貝吸附在石頭上，就像大自然的圖釘一樣。

我們全都有自己偏愛的動物種類，艾瑞克對海參類著迷不已，強納森愛上了色彩絢麗的「刺刺蟲」多毛綱，我則喜歡烏賊、墨魚、章魚等頭足類。我認為，頭足類是無脊椎動物當中最有智慧也最美麗的生物。有一天，我們來到肯特郡的海司，強納森的父母在那裡的海邊租了度假小屋，那天坐著拖網漁船出海去釣魚。漁夫通常會把不小心撈到的墨魚丟回海裡（英國人並沒有很喜歡吃墨魚），但我強力堅持要他們把墨魚留給我。等我們到小屋時，發現平臺上已放了好幾十隻墨魚。我們用桶子和盆子把所有的墨魚帶進屋子，放進地下室的大玻璃罐，然後加一點酒精保存牠們。強納森的父母不在家，所以我們毫不遲疑做了這些事。我們打算把所有的墨魚帶回學校給帕斯克（我們想像他露出驚訝的笑容），讓班上每個同學都有一隻墨魚可以解剖，頭足類的愛好者甚至能拿到兩、三隻。我呢，則要到原野俱樂部發表演講，好好詳述墨魚的智慧，還有牠們大大的腦袋、直立的視網膜和變化多端的體色。

幾天後，在強納森的父母預計要回來的那天，我們聽到地下室傳來低沉的砰砰聲。我們下去查看，結果看見恐怖的一幕——我們沒有適當保存墨魚，導致墨魚腐敗發酵，產生大量氣體將玻璃罐炸開。整個牆壁和地板都是墨魚屍骸，連天花板也黏了一些。腐敗味非常濃烈，臭到難以想像。我們盡力把牆壁刮乾淨，清除炸裂的墨魚殘塊。我們一邊作嘔，一邊用水管將地下室整個沖洗一遍，卻還是沖不掉臭味。我們把門窗打開，想讓氣味消散，結果臭味只是延伸到屋外方圓五十公尺。

足智多謀的艾瑞克提議可以用更強烈但好聞的味道掩飾或取代臭味，我們便決定使用椰子精油。我們把三個人的零用錢湊在一起，買了一大罐椰子精油，將地下室好好洗了一番，屋內其他地方和房子四周也大量噴灑。

強納森的父母一個小時後回來，接近房子時先是聞到了濃濃的椰子味。可是，當他們更靠近時，卻進入了由腐敗墨魚的惡臭所主宰的區域（因為某些原因，這兩種氣味竟然把自己分成兩個寬約一點五公尺的區塊）。等他們來到事故現場（或者該說犯罪現場）的地下室時，味道已經臭到令人幾秒鐘也無法忍受的地步。我們三個因為這件事蒙受奇恥大辱，但是我尤其如此，因為這一切是源自我的貪念（一隻墨魚不夠嗎？）和愚蠢（我不知道這麼多標本需要多少酒精）。強納森的父母被迫提早結束假期，離開那間房子（聽說那間房子好幾個月都無法住人）。然而，我對墨魚的愛卻未減一分一毫。

這其中除了生物學的理由，或許也跟化學有關，因為墨魚跟其他許多軟體和甲殼動物一樣，血液是藍色的而不是紅色的，牠們演化出來的運輸氧氣系統跟我們脊椎動物完全不同。我們的呼吸色素「血紅素」裡面含鐵，而牠們的呼吸色素「血藍素」含銅。鐵和銅各有兩種不同的「氧化態」，這表示它們可以輕易吸收肺部的氧氣，把氧氣升高到更高的氧化態，有需要時便將之釋入組織。可是，明明就有釩這種氧化態不只四種的金屬（在週期表的位置跟鐵和銅同一列），為什麼只使用鐵或銅呢？我很好奇釩的化合物是否有被作為呼吸色素使用，因此在聽說有些海鞘極度富含釩這種元素、而且還有特殊的細胞（含釩血球）專門用來貯存釩的時候，簡直興奮不已。我們不知道牠們體內為什麼會有這些細胞，這些細胞似乎不是氧氣運輸系統的一部分。

我浮現一個荒誕、大膽的想法，認為自己或許可以在密爾波特解開這個謎團。但是，我最後只有採集一堆海鞘（跟採集墨魚時一樣貪心放縱），就沒有下文了。我心想，我可以把這些海鞘燒成灰，然後算出灰燼中的釩含量；我之前在書中讀到，有些種類的海鞘體內含有超過百分之四十的釩。我這輩子唯一有過的商業點子就是這時候想出來的：我要養殖很多很多海鞘，然後讓海鞘做牠們過去三億年來一直在做的事，也就是從海水中提取珍貴的釩，以一噸五百英鎊的價格賣出。可是，我發現唯一的問題是，我得先滅殺無數的海鞘——這個念頭嚇壞了我。

化學詩人漢弗里．戴維

對我和那個時代擁有化學實驗工具組或實驗室的大部分男孩來說，漢弗里．戴維(Humphry Davy)是個受人喜愛的英雄。他生活在化學這門學科剛萌芽的時代，可以說是化學領域的男孩，同時也是個極有魅力的人物，一百年後仍彷彿是我們認識的人一樣，生氣蓬勃。我們知道他年輕時做過的各種實驗，包括氧化亞氮（他發現並描述了這個氣體，少年時期還對它有點上癮），以及使用鹼金屬、電池、電魚和爆裂物進行的魯莽實驗。我們想像他是拜倫(George Gordon Byron)那一型的年輕男子，有著眼距較寬、愛做夢的眼睛。

我看見大衛．奈特(David Knight)在一九九二年出版的傳記《漢弗里．戴維：科學與權力》(*Humphry Davy: Science and Power*)的新書通報時，腦子正好想著漢弗里．戴維，於是馬上就申請了這本書。那時的我正處於一種懷舊的氛圍，追憶自己的童年。十二歲的我非常浪漫，用著比我這輩子愛過任何人事物都還要大的力氣深深愛著鈉、鉀、氯、溴·;愛著一間神奇的商店——我可以在它昏暗的室內為我的實驗室添購化學材料;愛著梅勒 (Joseph William Mellor) 那本淵博的巨著(還有《格梅林無機化學手冊》〔*Gmelin Handbook of Inorganic Chemistry*〕看得懂的部分);愛著倫敦南肯辛頓的科學博物館,在裡面認識化學的歷史,特別是十八世紀晚期、十九世紀初期化學剛開始發展的那段歷史。不過,我最愛的大概是皇家學會,那裡大部分的東西看起來、聞起來,肯定還跟年輕時的漢弗里·戴維在那裡工作的時候一模一樣,而且訪客也可以瀏覽、思索他實際的筆記本、手稿、實驗室筆記和書信內容。

奈特表示,戴維是個很棒的傳記素材。過去一百五十年來,確實有很多他的傳記問世。然而,化學科班出身、曾任達蘭大學科學歷史與哲學教授,以及《英國科學史雜誌》(*British Journal for the History of Science*) 編輯的奈特,所寫出來的傳記不只宏偉且學術水準高,還充滿了人文見解與同情心。

戴維在一七七八年生於彭贊斯,在一名雕刻匠和妻子所生的五個孩子之中排行老大。他就讀當地的一間文法學校,很享受那裡給他的自由。他說:「小時候沒什麼人管我,規定我遵守什麼讀書計畫,我認為我很幸運。」他十六歲離開學校,成為當地一位藥劑師兼外科醫師的學徒,但他覺得很無趣,立定志向要做更了不起的事。化學開始引起他的興趣，他閱讀並精通拉瓦節在一七八九年出版的偉大著作《化學元素》(*Elements of Chemistry*)，這對沒有受過什麼正式教育的十八歲青年來說，是非常厲害的成就。他的腦海開始浮現崇高的想像：他有沒有可能變成下一個拉瓦節，甚至是下一個牛頓？他在這個時期所留下的其中一本筆記本標題就是「牛頓與戴維」。

然而，從某方面來說，比起牛頓，牛頓的朋友羅伯特・波以耳跟戴維應該更契合。牛頓創立了新潮的物理學，波以耳則創立了同樣新潮的化學，將這門學科從原先的煉金術分離出來。波以耳在一六六一年出版的《懷疑派化學家》(*Sceptical Chymist*) 放棄了古人提出的抽象四大元素，把「元素」重新定義為一種簡單、純淨、無法分解的物質，由某種「粒子」組成。他也認為化學最主要的工作是分析（波以耳將分析一詞的英文"analysis"賦予化學的意義），也就是把複雜的物體拆解成各個組成元素，看看這些元素是怎麼組合起來的。在十七世紀晚期和十八世紀初期，波以耳推動的現代化學獲得重大的進展，因為這段期間有不下十個新元素接二連三快速地被分離出來。

不過，這些元素被分離出來後，名稱中往往會出現一個令人困惑的奇特形容詞。例如，瑞典化學家卡爾・威廉・舍勒 (Carl Wilhelm Scheele) 在一七七四年從鹽酸分離出一種沉重的綠色氣體，卻沒意識到那是一種元素，而把它稱作「脫燃素鹽酸」；同一年，約瑟夫．普利斯特里 (Joseph Priestley) 分離出氧氣，卻把它稱作「脫燃素空氣」。原來，這些錯誤的解讀是來自流行於十八世紀的一個化學理論，而這個帶有一點神祕主義色彩的學說，其實在很多方面阻礙了化學的發展：當時的人相信，物體燃燒時會釋放一種無形的物質「燃素」；換句話說，燃素是產熱的材料。

拉瓦節在戴維十一歲時出版《化學元素》。在書中，他推翻燃素理論，證實燃燒並不會損耗什麼神祕的「燃素」；燃燒其實是被燒的東西跟大氣中的氧氣結合之後（也就是氧化）造成的結果。

拉瓦節的著作對戴維產生很大的啟發，促使他在十八歲時進行了第一個具有開創性的實驗。他利用摩擦力把冰融化，證實熱是一種能量，而不像卡路里那樣是一種物質。他興高采烈地說：「我證實了熱並不存在卡路里，也不是流體。」戴維將實驗結果寫成一篇冗長的文章〈論熱、光及光的結合〉，同時評論拉瓦節以及化學領域自波以耳之後出現的進展，並描繪他對新化學的願景。他希望創立一個不一樣的化學，消弭所有的抽象形上學和舊化學的殘影。

有關這位年輕人的消息和他那些關於物質與能量的新奇觀點，傳到了當時在牛津大學當化學教授的湯瑪斯．貝多斯 (Thomas Beddoes) 耳裡。貝多斯邀請戴維到他位於布里

斯托的實驗室，戴維在那裡完成了他的第一個重大實驗，也就是分離出氮的氧化物，檢視其生理效應。❶

戴維在布里斯托那段期間，跟柯勒律治 (Samuel Taylor Coleridge) 還有其他浪漫派詩人展開緊密的友情。他自己當時也寫了不少詩，筆記本裡混雜了化學實驗的細節、詩作和哲學思考。出版過柯勒律治和騷塞 (Robert Southey) 等人作品的約瑟夫・科特爾

---

❶他在一段精彩的敘述中，記下吸入氧化亞氮（也就是「笑氣」）所產生的效應。這段敘述對心理變化的洞察力讓人聯想到威廉・詹姆士 (William James) 一百年後針對同樣的經驗寫下的描述，或許是西方文獻中對迷幻經驗最早的描寫：

> 一種興奮顫慄感幾乎立刻就從胸腔擴散到四肢……看東西時感覺眼花撩亂，東西似乎放大了，也清楚聽到房裡的每一個聲音……愉悅的感覺逐漸增加，我完全喪失跟外在事物的連結；鮮明的影像大量且快速地通過我的腦海，用奇特的方式轉換成文字，產生全然新奇的感知。我活在一個充滿全新連結和變化的世界；我不斷創建理論，想像自己得出新發現。

戴維也發現氧化亞氮具有麻醉的效果，提議可用在外科手術上。不過，他從來沒真正使用過這種麻醉劑，全身麻醉的技術要等到一八四〇年代，他過世後才問世（在一八八〇年代，佛洛伊德發現古柯鹼可以用來局部麻醉，但他也沒有認真看待這項發現，所以這件事的發現者通常被當成其他人）。

(Joseph Cottle) 認為，戴維既是個自然哲學家，也是個詩人，兩者都無法代表（或者兩者都代表了）他獨特的感知方式：「假如他沒有以哲學家的身分發光發熱，他無疑會成為一位出色的詩人。」一八〇〇年，華茲渥斯 (William Wordsworth) 曾經請戴維監督他《抒情歌謠集》(*Lyrical Ballads*) 第二版的出版。

當時，文學和科學仍然是共存的，還沒有不久後即將出現的感性分離現象。柯勒律治和戴維之間的友誼十分深厚，兩人親近融洽到幾乎讓人匪夷所思。化學變化可以創造出全新的化合物，這樣的概念是柯勒律治思想的核心。他還曾計畫跟戴維一起建置一間化學實驗室。這位詩人與這位化學家同為戰士，共同分析、探索心靈與自然間連結的準則。❷

❷ 柯勒律治曾說：

水與火、鑽石、石炭……透過化學理論聚合在一起，成為同胞。心靈感受到這種連結，並受到自然的認可……假如莎士比亞的著作將自然理想化，變成一首詩……那麼透過戴維的沉思與觀察，詩詞將保留在自然之中，並在自然中獲得實現。是的，自然同時向我們揭露……一首詩以及它的詩人！

柯勒律治和戴維似乎把彼此視為雙胞胎，前者是語言的化學家，後者是化學領域的詩人。

在戴維的時代，人們認為化學不只是跟化學反應有關，熱、光、磁和電等後來歸為「物理學」的研究領域也屬於化學（即使到了十九世紀末，居禮夫婦一開始也是把放射性視為某些元素的「化學」屬性）。靜電雖在十八世紀就被人發現，但那時候還不知道怎麼持續產生電流。後來，亞歷山卓・伏打 (Alessandro Volta) 用兩片不同的金屬夾住浸過鹵水的紙板，才創造穩定的電流，發明全世界第一顆電池。戴維之後寫到，伏打在一八〇〇年發表的文章對歐洲的實驗者來說宛如一記警鐘，而對戴維來說，這記警鐘則是突然具體描繪出他一生的志業。

他說服貝多斯仿效伏打，建了一個很大的電池，並在一八〇〇年開始使用這顆電池進行實驗。他幾乎馬上就懷疑，會出現電流是因為金屬片發生了化學變化，同時也不禁好奇是否能反向操作——使用電流可以觸發化學變化嗎？他將電池做了巧妙且重大的改變，成為世界上利用電力這個龐大新能量的第一人，設計出碳弧燈這種新型照明裝置。

這些絕妙的進展吸引了倫敦的注意。那年，戴維受邀來到這座城市剛成立的皇家學會。他向來能言善道，天生就會說故事，而現在他即將成為英國最有名、最具影響力的講者，每到一個地方演講便吸引大批群眾，將街道堵得水洩不通。他的演講主題有時是鉅細靡遺的實驗內容（他在講述細節時，實驗進行的過程、天才腦袋的思路彷彿都會清楚呈現在眼前），有時是對宇宙和人生的思索，演講的風格和豐富的語言，他人難以企及。

戴維的就職演講令很多人深深著迷，其中包括瑪麗．雪萊（Mary Shelley）。多年後，她將在著作《科學怪人》裡，把戴維曾說過的話十分相似地套用在沃德曼教授這個角色所發表的化學演講（戴維在說到動電時，曾說：「一個新的作用被發現了，人們可以結合死掉的物質，創造出先前只有動物器官做得到的效應。」）。當時最偉大的演說家柯勒律治總是會去聽戴維的演說，不只是為了增進化學知識，也是為了像他說的那樣：「更新我的譬喻資料庫。」❸

---

❸ 柯勒律治不是唯一一個使用化學意象更新譬喻資料庫的詩人。歌德將「選擇性親近」（elective affinity）這個化學用語賦予了情愛的意涵；威廉．布萊克把「能量」描述成「永恆的喜樂」；受過醫學訓練的濟慈也愛用化學隱喻。

在工業革命初期那段繁榮的時光，人們對科學的興趣特別濃厚，尤其是化學，因為化學這個新穎強大（但又不會褻瀆什麼）的領域，不但可以幫助我們認識這個世界，還能把世界變得更好。戴維就是這個雙重觀點的完美代表。

在加入皇家學會的頭幾年，戴維暫時把較宏大的思考放在一邊，專注解決某些實際層面的問題，如鞣製、單寧的分離（他是第一個發現茶葉含有單寧的人）以及各種農業相關的議題。他最早發現氮所扮演的關鍵角色以及氨對肥料的重要性；他的《農業化學要素》(*Elements of Agricultural Chemistry*) 在一八一三年出版。

然而，到了一八〇六年，成為英國最優秀的演說家和最實際的化學家（而且只有二十七歲）之後，戴維感覺自己必須放棄皇家學會的研究責任，回到他在布里斯托時期所關注的根本議題。他一直都想知道電流能否成為分離元素的新方式，於是開始進行電解

艾略特在〈傳統與個人才華〉這篇文章中從頭到尾都有使用化學譬喻，最後更是採用一個戴維式的宏偉比喻來形容詩人的頭腦：「我要用催化劑來比喻……詩人的頭腦就像一絲白金。」不曉得艾略特知不知道催化作用是漢弗里・戴維在一八一六年發現的。

水的實驗，使用電流把水分離成氫氣和氧氣這兩個組成元素，證實這些元素會以一模一樣的比例結合。

隔年，他完成了著名的實驗，使用電流分離金屬態的鉀和鈉。戴維寫到，電流通過時，「負極線出現強光，接觸點竄出火花。」這項實驗會產生閃亮的金屬小球，外形跟水銀難以區別。這些就是鉀和鈉這兩個新元素形成的小球。他說：「小球往往在形成的那一瞬間就燒起來，有時會劇烈爆炸，炸成更小的小球，以極快的速度一邊旺盛燃燒、一邊飛過空中，產生連續的噴射火焰，十分美麗。」戴維的堂弟愛德蒙 (Edmund Davy) 寫到，發生這件事時，戴維開心地在實驗室蹦蹦跳跳。❹

我小時候最大的樂趣就是重複戴維鈉和鉀的電解實驗，看著閃閃發亮的小球在半空中著火，散發鮮黃色或淡紫色的火焰。我之後也透過這個方法分離金屬態的銣（它會產生迷人的紅寶石火焰），戴維不知道這個元素，但他肯定會喜歡。戴維的實驗使我非常感同身受，我幾乎可以幻想這些元素是我發現的。

---

❹ 鈉和鉀如此易燃且能夠漂浮在水面上，讓戴維十分驚訝。他猜想地殼底下是不是有這些元素的沉積物，因為遇水爆炸，才會形成火山爆發。

戴維接下來開始分離鹼土金屬，不到幾週的時間便分離了金屬態的鹼土金屬元素，包括鈣、鎂、鍶、鋇。這些金屬的活性極高，特別是鍶和鋇，所以跟鹼金屬一樣也會產生色彩鮮豔的火焰。如果說在一年內分離出六種新元素還不夠厲害，戴維在隔年又分離了另一種元素硼。

純粹的鈉和鉀不存在於自然界，因為它們活性太大，立刻就會跟其他元素結合。所以，我們只會看見鹽巴（也就是氯化鈉）這類惰性且電中性的鈉化合物。然而，如果像戴維那樣將在兩個電極之間傳輸的強大電流通過這些化合物，原本中立的鹽就會分解，因為帶電粒子（以鹽來說分別是帶正電的鈉和帶負電的氯）會分別被兩極所吸引（法拉第後來稱這些粒子為「離子」）。

對戴維而言，電解作用不只是「一條新的發現途徑」，促使他製作更大型、更強大的電池來進行實驗；電解作用也讓他明白，物質本身不像牛頓和其他人以為的那樣是惰性的，而是帶有電荷，靠電力結合在一起。

戴維現在知道，化學親和性跟電子親和力決定了彼此，在物質的組成上是一樣的東西。波以耳和拉瓦節等後輩化學家不太清楚化學鍵的本質，只假定化學鍵跟引力有關。

現在，戴維可以想像得出另一種力的存在，它具有電的特性，可以把物質的分子連接在一起。他不太確定但十分強烈地認為，在分子的範疇之外，整個宇宙都充斥著引力和電力。

在一八一〇年，戴維重新檢視了舍勒分離出來的沉重綠色氣體。先前，舍勒和拉瓦節認為這是一種化合物，但他證實這是一種元素。他根據這種元素的顏色，把它命名為氯（chlorine，源自希臘單字 *"chloros"*，意為「黃綠色的」）。他發覺，這不但是一種新元素，還代表了一個全新的化學元素族，就跟因為活性太大無法存在於自然界的鹼金屬族一樣。戴維認為，一定有跟氯同族、但是質量比較大或較小的類似物存在。

一八〇六到一八一〇年是戴維人生中在實證發現與深奧概念這兩方面最有創造力的幾年。他發現了八個新元素；他推翻了燃素理論以及拉瓦節認為原子只是抽象物的說法；他證實了化學活性跟電有關。在這五年之間，他為化學打下基礎，並改變了化學。

他很享受同行因他贏得許多科學殊榮而向他表示的敬意，但也同樣享受大眾因為他將科學普及化而賦予他的名聲。他很喜歡進行公開實驗，他的示範性演說相當出名，非常刺激、描述精采、戲劇化，有時候還會出現爆炸場面。戴維似乎處在一波科學和科技新浪潮的巔峰，要靠這股力量改造世界。他的國家應該要給這個男人什麼樣的榮耀呢？

答案似乎只有一個，雖然這項殊榮幾乎沒有科學家得到過——在一八一二年的四月八日，攝政王將戴維封為爵士，他是自一七〇五年牛頓被授予爵士封號後，第一個獲得這個頭銜的科學家。❺

奈特在書中表示，戴維「經歷一段醞釀期後，以浪漫的混亂和狂暴的速度進行著他的研究」。他總是獨立作業，只有一位實驗室助手協助他。他的第一個實驗室助手是堂弟愛德蒙，第二個則是法拉第。法拉第跟戴維之間的關係後來變得十分複雜，一開始熱切正向，之後卻蒙上陰影。法拉第對漢弗里·戴維來說幾乎像個兒子，是他「科學方面的兒子」，如同法國化學家貝托萊 (Claude Louis Berthollet) 跟他口中所說的「兒子」給呂薩克 (Joseph Louis Gay-Lussac) 一樣。法拉第當時二十歲出頭，總是非常熱情地參加戴維的演說，並把演說內容抄寫下來、加上註解，拿給戴維看。

戴維在讓法拉第擔任自己的助手前，曾經猶豫了一下。法拉第對他來說是個問號，

---

❺「科學家」這個詞一八一二年還不存在。偉大的科學史學家威廉·惠威爾 (William Whewell) 在一八三四年才發明這個詞。

他害羞、超塵脫俗、不擅交際、沒受過什麼教育，但對科學有著早熟濃烈的愛，頭腦也很卓越。從很多方面來說，他就像當初那個勇敢接觸貝多斯的戴維。戴維一開始是個慷慨又樂於表達支持的「父親」，但是後來法拉第在學識方面愈來愈獨立，戴維卻漸漸打壓、甚至嫉妒他。

起初全心崇拜戴維的法拉第也愈來愈不滿，同時對重名利的戴維感到輕蔑。他屬於基本教義派的信奉者，不認同所有的頭銜、榮耀和權位，自己後來也堅決不接受這些東西。然而，在更深層的地方，這兩個人之間擁有的感情與知識上的親密感其實從未完全消失。他們兩人都很害羞、談吐正式，旁人只能猜測他們的關係是否有什麼內幕。但是，這兩個才能極高的天才在相遇後，維持了一段長久且強烈的關係，不僅對他們兩個人、也對科學史產生了重要的影響。

戴維非常渴望社會地位、名聲和權力，被封為爵士後三天，又娶了人脈廣、富有學識的家產繼承人選、華特．司各特 (Walter Scott) 的同輩親戚珍．亞普莉絲 (Jane Apreece)。戴維夫人（漢弗里爵士總是這樣稱呼她）是個表達能力很好的女子，在愛丁堡擁有一間沙龍。但是，她跟戴維一樣習慣獨立自主、受人仰慕，兩個人都不適合家庭生活。這段婚姻不但不美滿，還影響了戴維對科學的付出。他把愈來愈多的心力用來跟貴族建立交情及仿效貴族（奈特說：「他真心喜愛貴族這個階級。」），希望自己也能變成貴族。然而，在攝政時代的英國，這是不可能做到的，因為一個人的階級從出生就決定好了，無論有什麼名氣、頭銜或配偶，都改變不了這個事實。

戴維夫婦並沒有馬上展開蜜月之旅，而是計畫等漢弗里完成正在進行的研究後，再到歐陸旅行一年。他當時正在研究火藥和其他爆裂物。一八一二年的十月，他使用世界上第一種「高效」炸藥——三氯化氮——進行實驗，這種炸藥曾經炸掉許多人的手指和眼睛。他發現好幾種結合氮和氯的新方法，有一次拜訪朋友時還造成嚴重的爆炸事件。他把整起事件詳細地寫給崇拜他的弟弟約翰：「這一定要非常非常小心地使用，用比針頭還大的小球做實驗就可能造成危險。一個不比針頭大多少的小球曾經讓我受重傷。」戴維自己被炸得部分失明，需要四個月才會完全復原；但他沒有說朋友的房子出現什麼樣的損壞。

他們的蜜月旅行既怪異又荒謬。戴維帶了一堆化學器械和材料，包括：空氣泵、起電機、伏打電池……吹管裝置、風箱和鍛爐、水銀和水煤氣裝置、白金和玻璃製成的杯子和盆子，以及各種常見的化學試劑。此外，他還有帶一些高效炸藥要進行實驗，並帶上了年輕的研究助理法拉第（戴維夫人把他當作僕人對待，法拉第很討厭她）。

在巴黎，安培（André-Marie Ampère）和給呂薩克前去拜訪戴維，帶了一種閃閃發亮的黑色物質標本。這個物質有一個很特殊的屬性，遇熱時不會融化，而是會立刻變成深紫色的氣體。戴維感覺這有可能是氯的類似物，而他也很快就證實這是一種新元素（他在寫給皇家學會的報告中稱之為「一種全新的物質」）。他給這個元素取了另一個跟顏色有關的名稱「碘」（iodine），源自希臘文 *"ioeides"*，意為「紫色的」。

這對新人從法國輾轉前往義大利，途中進行了許多實驗。在佛羅倫斯時，使用一個巨大的放大鏡在特定條件下燃燒鑽石❻；在維蘇威火山的邊緣採集晶體；分析從山區的天然通氣口散發出來的氣體（戴維發現這些氣體跟沼氣是一樣的，也就是甲烷）；分析古老畫作的顏料（戴維說這些「純粹只是原子」）。

---

❻在這之前，戴維不太相信鑽石和炭其實是同一種元素，因為他覺得這「違反大自然的類比」。他有時會想以具體的特性、而非真正的屬性來分類化學世界，這或許是他的強項，也是他的弱點（大部分的時候，具體特性和實質屬性是互相對應的，像是鹼金屬和鹵素；同一種元素擁有多個不同的形態，這樣的情況也相當少見）。

在這趟遊遍歐洲的怪異三人行化學蜜月之旅中，戴維似乎又變回那個難以管束、好奇心旺盛、調皮搗蛋的小男孩，腦中充滿各式點子和惡作劇。這對法拉第而言是非常棒的科學生活初體驗，不過戴維夫人大部分的時候似乎都不感興趣。然而，假期再怎麼漫長也有結束的一天。這對名流夫妻回到倫敦之後，戴維面臨了他一生中最大的挑戰。

工業革命的發展此時愈來愈蓬勃，煤的消耗量也愈來愈大。煤礦愈挖愈深，便會挖到易燃或有毒的氣體，稱作「火燒氣」(甲烷)和「窒息氣」(二氧化碳)。帶著關在鳥籠裡的金絲雀進入礦坑，可以事先得到附近有窒息氣的警告，但火燒氣則往往毫無預警，瞬間就會造成死傷慘重的爆炸。所以，發明一種可以帶進暗無天日的礦坑深處卻又不會點燃火燒氣的礦工燈，是非常緊急重要的。

戴維實驗了許多不同的礦工燈設計，期間又發現幾個新原理。像是他發現在密閉的提燈中使用細窄金屬管可以預防爆炸擴散。接著，他用鐵絲網做實驗，結果發現火焰無法通過❼。後來他用金屬管和鐵絲網設計出完美的礦工燈，並在一八一六年進行測試。

❼ 戴維繼續研究火焰，並在安全燈發明一年後發表了〈關於火焰的一些新研究〉。四十多年後，法拉第又回到這個主題，在一八六一年將一系列著名的皇家學會演說集結成《蠟燭的化學史》一書。

戴維燈不僅安全，還能藉由火焰的外觀準確得知火燒氣的存在。❽

戴維從未因為發明安全燈而要求報酬或申請專利，而是大方地把它贈予全世界。在這方面，他跟友人威廉．海德．沃拉斯頓（William Hyde Wollaston）相反；沃拉斯頓因為將鈀和白金商業化而賺了一大筆錢。

這是戴維公眾生活的巔峰，就好比他的電化學研究曾經為他的知識生活帶來高峰一樣。他發明了安全燈並免費送給這個國家，使大眾對他的認識和讚賞達到前所未有的頂點。

戴維的人格之中，其實帶有一些空幻和神祕的成分，但是因為被他大放異彩的現實成就掩蓋，所以當時的人看不出來（柯勒律治和法拉第可能是例外，因為他們太了解他

❽我小時候會知道漢弗里．戴維這號人物，就是因為礦工燈。我的母親帶我到倫敦的科學博物館，最上層有一個非常逼真的十九世紀模擬礦坑。她向我說明戴維燈是如何讓礦坑作業變得更安全，接著又介紹另一種安全燈──蘭多燈，她告訴我：「這是我的父親、你們的外公在一八六九年，他還年輕的時候發明的，比原先的設計更安全，後來漸漸取代了戴維燈。」我興奮極了！那時，我便產生一種稚氣但非常鮮明的感受，那就是科學是充滿人性的領域，其影響力和對話可以跨越無數個世代。

了，而且也都有各自偉大和古怪的地方）。

戴維竭盡所能地當個經驗主義者，但是他其實也信奉浪漫主義和自然哲學，一生都是如此。神祕或超驗哲學，和嚴格的實證實驗與觀察不一定是相互矛盾的；這兩件事可以並存在同一個人身上，牛頓就是很好的例子。戴維年輕時便對理想哲學十分著迷，柯勒律治熱情澎湃地翻譯弗里德里希・謝林 (Friedrich Schelling) 的著作，使他受益良多，而他自己也以實證的方式證實了謝林的某些觀點，像是宇宙是充滿動態的整體，由相反價的能量結合在一起，能量無論怎麼轉變，永遠都會守恆。

牛頓認為，空間只是一個沒有結構的媒介，是動作發生的地方，而引力之類的力則充滿神祕，似乎是在演示「隔了一段距離的作用」。法拉第提出力有結構的概念，認為磁鐵和帶電的電線會創造磁場。但我感覺，戴維的思想似乎很接近「場」的概念了，雖然我們把這個超驗且某種程度上屬於浪漫主義的概念歸功於法拉第。奧斯特 (Hans Christian Ørsted) 和安培等人的研究令法拉第和戴維興奮不已，或許這兩個有遠見的天才一起思考電磁效應這個新發現時，曾經交換了什麼想法。我忍不住覺得，戴維是站在萊布尼茲 (Gottfried Wilhelm Leibniz) 和謝林的理想宇宙，以及法拉第、克拉克・馬克士威 (Clerk Maxwell) 和愛因斯坦的現代宇宙，這兩種宇宙的交叉點。

在一八二〇年，戴維榮獲科學界最崇高的殊榮，當上皇家學會的會長。牛頓曾在這個職位做了二十四年，而戴維的前一任會長約瑟夫·班克斯爵士 (Sir Joseph Banks) 更是當了四十二年。在科學界，沒有任何職位比這更有權力和名譽，但是也沒有任何職位必須承擔更重的外交和行政職責。據估計，班克斯在任內寫了超過五萬封信，甚至可能多達十萬封。現在，這個重擔落到戴維的肩上。

更嚴重的問題是，戴維嘗試改革皇家學會，卻造成很大的反彈。一八二〇年代，皇家學會有很多出身名門、有時極有天賦的成員，但他們卻沒有對科學做出什麼實質的貢獻。戴維毫不圓滑地表示，學會已漸漸失去名聲，成員一定要證明自己的價值。他想要減少沒有生產力的贊助關係，將充滿業餘人士和貴族仕紳的學會轉變成專業至上的學會，但手法讓人很不舒服，導致許多會員對他非常不滿和憤怒。戴維慢慢變成他人鄙視和懷恨的對象，曾經被說脾氣「迷人」的他也對這一切感到憤恨、狂妄，甚至不願讓步。皇家學會裡掛了一幅他的肖像，就是在這個時期畫的，可以看出他那氣呼呼的樣子。大衛·奈特說，這個曾經是英國最受歡迎的科學家竟然變成「科學界有史以來最討人厭的人物」。

這對戴維來說，是段可怕的時期。這時候的戴維因為皇家學會的大小事倍感煩惱；

跟大部分會員都處不好；跟柯勒律治等早期讓他如此敞開心房、快樂無比的朋友少了聯繫；困在一段既沒有愛也沒有子女的婚姻；四十幾歲愈來愈感覺到健康出了一些狀況，不禁聯想到導致父親早逝的那些問題——這些都使他悲嘆自己的現況，只能緬懷早期的風光。外務讓他沒辦法進行任何原創研究，而那一直是他主要、甚至唯一一個感受到內在平靜與安穩的途徑。更糟的是，他覺得自己在這個領域不再頂尖，感覺同輩人都認為他過氣或不重要了。當時正對無機化學發揮重要影響力的瑞典化學家貝吉里斯（Jöns Jacob Berzelius）表示，戴維畢生的成就不過是「一堆閃耀的碎片」。

他的失落感和絕望的懷舊之情逐年加深。一八二八年，他寫道：

> 啊！要是能夠重新擁有二十五歲那個清新的腦袋，我什麼都願意給！我還記得十分清楚，在那段愉悅的時期，充滿力量的我在他人身上尋找力量；力量就是同理，同理就是力量。那時，死去的與未知的、其他時代和遙遠國度的偉人都透過想像力、我的同伴與朋友創造出來。

在一八二六年，戴維的母親去世了。他跟媽媽的感情就像牛頓和他的母親一樣非常深厚，因此她的死令他悲慟萬分。同一年，他跟父親一樣在四十八歲時手部短暫麻痺，腿部則出現無力感，後來又發生中風。雖然他很快就復原了，但是這件事的嚴重性和其中不可否認的含義改變了他的想法。突然間，他對皇家學會無止盡的煩擾、這種世俗生活無止盡的責任與義務感到厭倦透頂。「我的健康沒了，我的野心也已滿足。我不再對名譽感到興奮，我最真摯渴望的事物在墳墓裡。」

戴維成年後的其中一個——也可能是唯一一個——休閒興趣就是釣魚。釣魚時，那個分身乏術、自負高冷的他會重拾昔日的友善和真實的自我。這個時候，他的頭腦會再次變得年輕清新，他可以像以前那樣開心地轉著各種點子。許多年過去了，擅長釣魚的戴維對魚餌和魚類的知識也變得相當豐富。他晚年出版的其中一本沉思著作《鮭魚國度》(*Salmonia*) 同時結合自然史、寓言、對話和詩詞於一身，奈特說它是「充滿自然神學的釣魚書」。

完成這本書後，戴維在教子、也是他在科學界最後一個「兒子」約翰·托賓 (John Tobin) 的陪同下，啟程前往斯洛維尼亞。離開英國和那裡讓「神經系統持續受到干擾」的氣候，戴維覺得他或許能獲得、享受和傳達自己最後的思緒。「我找到了慰藉，在生了一場危險的病之後部分恢復健康了……我找回早期願景具備的精神……大自然從不欺瞞我們；岩石、山巒、溪流永遠說著同一種語言。」

在一八二九年二月經歷最後一次致命的中風之後，他口述了這封信——也是他的遺書：

我就要死於一次嚴重的中風。我的整個身體癱瘓，只有智識器官除外……感謝上帝讓我能夠完成知識上的成就。

我前面說過，在我這一代，每個小時候對化學或科學有興趣的人，都曾把漢弗里・戴維視為兒時英雄。我們都知道並做過他那些著名的實驗，幻想自己就是他。戴維自己小時候也有這樣的偶像，特別是牛頓和拉瓦節。牛頓在他眼中是神一般的存在，拉瓦節則比較親民，像父親那樣，彷彿能跟他對話、認同或反駁他。他所撰寫（由貝多斯發表）的第一篇文章大力反對拉瓦節的論點，實際上就像是在跟他對話。我們所有人都需要這樣的角色、這樣的自我理想，而且一輩子都需要。❾

現在跟年輕一輩的科學界朋友談話時，我很難過地發現他們沒有人聽說過戴維，有些人聽到我的興趣還感到很困惑，因為他們難以想像這些「古老」的科學現在有什麼意義。人們常說，科學是沒有人情味的，是由「資訊」和「概念」所組成，要不斷地修改和取代才會進步，過程中舊的資訊和觀念自然會被淘汰。以這種觀點來看，以前的科學跟現在無關，只有歷史學家和心理學家會有興趣。

但我發現事實並非如此。我在一九六七年寫下第一本書《偏頭痛》(*Migraine*)的時候，除了是受到這種疾病的本質和我的病人所啟發，還受到一本跟這個主題有關的「古」書所啟發，那就是愛德華．利文寧(Edward Liveing)在一八七〇年代所寫的《偏頭痛》(*Megrim*)。我把這本書從醫學院圖書館鮮少有人借閱的歷史類書籍中借出來，欣喜若狂地從頭到尾讀過一遍。我在六個月內又反覆重讀這本書很多次，最後變得非常了解利文寧。他和他的思考方式一直伴隨著我，我跟利文寧的這段緣分對我自己的思維和著作都非常重要。我在十二歲時跟漢弗里．戴維的緣分就是當初讓我決定走上科學這條路的原因，所以我怎能夠相信科學的歷史、科學的過去不重要呢？

---

❾ 倫納德．申戈爾德(Leonard Shengold)在著作《那男孩成不了大器！佛洛伊德的自我理想以及佛洛伊德這個自我理想》(*The Boy Will Come to Nothing! Freud's Ego Ideal and Freud as Ego Ideal*)的第一章〈把偉人變成我們的〉，特別探討了自我理想這個主題以及人們對自我理想的需求。

我不認為只有我有這樣的經驗。許多科學家同時也是詩人或藝術家，跟過去有持續存在的關係，這樣的關係不只是一種抽象的歷史或傳統，而是擁有同伴和先人、跟他們進行沉默的對話的感覺。有時，科學認為自己是沒有人性的，是「純粹的思想」，跟它的歷史和人文起源獨立分開，我們常常被這樣教導。但是，科學絕對是一種人類的活動，是有機的、會演進的、帶有人性的，可能突然迸發或戛然而止，也可能出現奇怪的偏離。它從過去發展而來，但卻永遠不會脫離它的過去，如同我們永遠不會脫離自己的童年。

圖書館

小時候，家裡我最喜歡的地方就是圖書館了，那是一間使用橡木壁板裝潢而成的大房間，四面牆全都是書櫃，中央有一個堅固的桌子可以寫字讀書。我父親喜歡研究希伯來文，他的特殊藏書就放在這裡；那裡，有易卜生 (Henrik Johan Ibsen) 所有的劇作（我的父母是在醫學院學生組成的易卜生社團結識的）；那邊那一格放了我父親那一代的年輕詩人作品，他們很多都死於大戰之中；至於那邊那些比較矮的格子（這樣我就可以輕鬆拿取），則放了我三個哥哥的冒險和歷史書籍。我就是在這一區找到吉卜林 (Joseph Rudyard Kipling) 的《森林王子》(*The Jungle Book*)——主角毛克利讓我感同身受，所以我常常會用他的冒險故事展開自己的幻想世界。

我的母親把自己最喜歡的著作放在起居室的另一個書櫃，包括狄更斯、特洛勒普 (Anthony Trollope)、薩克萊 (William Makepeace Thackeray)、蕭伯納 (George Bernard Shaw) 的劇作（使用淺綠色書皮），還有使用紅色摩洛哥軟皮革裝訂的吉卜林全集。除了這些，那裡還收藏了一套三大冊美麗的莎士比亞作品、一本金邊的米爾頓 (John Milton)，以及其他我的母親在學校得獎獲得的書籍（大部分是詩集）。

醫學相關的書籍則被存放在我父母的諮詢室，鎖在一個特別的櫃子裡，不過鑰匙就插在門上，所以很容易打開。

在我眼裡，橡木壁板圖書館是整棟房子最安靜也最漂亮的地方，跟我的小小化學實驗室競相成為我心目中最喜歡的地方。我常常蜷縮在椅子上專注地看書，完全喪失時間感。每當我遲遲沒出現在飯桌上，家人就可以在圖書館找到全神貫注看書的我。我很早就學會閱讀，大概三、四歲，因此書本和我們家的圖書館都存在我最早的記憶裡。

但我最喜歡的圖書館，其實是當地的公共圖書館——威爾斯登圖書館。我們家離圖書館僅走路五分鐘的距離。長大成人的過程中，許多我最快樂的時光都是在那裡度過，而我也是在那裡獲得真正的教育。

整體而言，我不喜歡學校，不喜歡坐在課堂上接收指令，所以老師給的資訊往往是左耳進、右耳出。我沒辦法被動學習，非得要主動學習，用最適合我的方式學習我想學的東西。我不是個好學生，但我是個很好的學習者。在威爾斯登圖書館和之後我去過的所有圖書館中，我會在書架之間遊走，自由選擇我想讀的任何書籍，探索吸引我的任何領域，並成為我自己。圖書館讓我感到自由，我可以自由觀看成千上萬本書，也可以自在地走來走去，享受那裡的特殊氛圍和其他讀者安靜的陪伴；所有的讀者都跟我一樣，有自己追尋的道路。

年紀漸長時，我的讀物愈來愈偏向科學類，尤其是天文和化學。我十二歲開始就讀的聖保羅學校有一間很棒的綜合圖書館，叫沃克圖書館，可是那裡的藏書偏重歷史和政治，無法提供所有我想讀的科學書籍，特別是化學相關著作。但是，學校老師為我寫了一封特別的推薦函，讓我得以進入科學博物館的圖書館。我在那裡讀了許多冊梅勒的《無機和理論化學全著》(*Comprehensive Treatise on Inorganic and Theoretical Chemistry*)，還有分量更多的《格梅林無機化學手冊》。

上大學後，我得以出入牛津兩間大型的大學圖書館，分別是拉德克利夫科學圖書館和博德利圖書館（那是一間很棒的綜合圖書館，歷史可回溯到一六〇二年）。我便是在博德利圖書館碰見西奧多．胡克 (Theodore Hook) 那些現在很難找到、早已被人遺忘的著作。他是十九世紀初一位受人景仰的人物，為人聰明機智，曾產出許多戲劇和音樂的即興創作。我對胡克的興趣變得非常濃厚，後來甚至決定替他寫傳記，或稱「個案史」。除了大英博物館的圖書館之外，只有這間圖書館能提供我所需要的素材，而這裡寧靜的氛圍也非常適合寫作。

不過，牛津大學裡我最喜歡的圖書館，還是我所就讀的皇后學院自己的圖書館。這間雄偉的圖書館是由克里斯多佛．雷恩 (Christopher Wren) 設計，建築物之下有一個由加熱管和書架組成的地底迷宮，是龐大地下館藏的所在地。親手捧著古老的「搖籃本」❶對我來說是個很新奇的體驗，我特別喜歡格斯納 (Conrad Gessner) 一五五一年出版的《動物史》(*Historiae Animalium*)，裡面收錄了許多精采的版畫插圖，包括杜勒 (Albrecht Dürer) 的犀牛畫，還有阿加西 (Jean Louis Rodolphe Agassiz) 關於魚化石的四冊著作。我在那裡也看到達爾文所有作品的原始版本，並在架上找到、愛上湯瑪斯．布朗爵士 (Sir Thomas Browne) 所有的作品，包括《一位醫師的宗教》(*Religio Medici*)、《甕葬》(*Hydriotaphia*) 以及《居魯士的花園》(*The Garden of Cyrus*)。這些書有的荒謬至極，但其文字卻美妙無比。布朗典型的誇張用詞讓人受不了的時候，就改看史威夫特 (Jonathan Swift) 精雕細琢的文字——當然，他的作品也全都是原版的。小時候，我讀的是父母喜

❶ 編按：指歐洲活字印刷術發明後到一五〇〇年間，早期印刷時代（搖籃時代）的珍本古籍，又稱「古版書」。

歡的十九世紀作品；就讀皇后學院之後，它的地下圖書館讓我認識十七和十八世紀的文學大家，如詹森（Samuel Johnson）、休謨（David Hume）、波普（Alexander Pope）和德萊頓（John Dryden）。這些書籍全都可以自由取用，沒有被鎖在某個特別的珍稀善本區，而是靜靜擺在架上，（我猜想）從最初出版之後就是如此。我是在皇后學院的圖書館，真正感受到歷史以及我自己的語言的奧妙。

一九六五年我第一次來到紐約，當時住在一個非常糟糕窄小的公寓，裡面幾乎沒有可以閱讀寫字的平臺。我只能把手肘舉高，勉強在冰箱上完成《偏頭痛》的部分稿件，我非常渴望空間。幸好，我的工作地點愛因斯坦醫學院的圖書館空間很大。我會坐在一張大桌子前閱讀或寫作一段時間，然後在書架之間閒晃。我從不知道我的眼睛會瞄到什麼，但是我有時候會找到出人意料的寶藏、幸運的發現，然後把它們帶回座位。

圖書館雖然很安靜，但是書架之間可能傳來低語。或許，你們兩個都在找同一本古書，像是一八九〇年裝訂的同一套《大腦》（*Brain*），然後交談就會衍生出友情。圖書館的每個人都在讀自己的書、沉浸在自己的世界，可是卻會產生一種社群感，甚至是親密感。實體書（以及它們在書架上的位置和鄰書）是這份同志情誼的一部分。取閱、分享、傳遞書本，甚至看見前面讀者的名字和把書借出去的日期，都會讓人感覺到這份連結。

然而，到了一九九〇年代，圖書館已起了變化。我還是會頻繁地造訪圖書館，坐在桌子前，面前堆了一大堆書。但是學生卻愈來愈不理睬書架，而是使用電腦找到自己需要的資訊，很少人會到書架之間逛逛了，對他們來說，書本已經沒有必要。由於絕大多數的使用者都不再使用書籍本身，學院最終決定把書處理掉。

我完全不知道這回事，而且不只有愛因斯坦圖書館如此，全國各地的大學和公共圖書館都是。最近一次造訪圖書館時，我驚嚇地發現原本擺滿書的書架現在竟然只剩零星幾本書。過去幾年來，大部分的書似乎都被丟了，而且驚人的是，沒有人表示抗議。我覺得好像有人犯下了謀殺罪，毀了無數個世紀的知識。一個圖書館員看我這麼難過，安慰我說「有價值」的東西全都數位化了。可是，我從不使用電腦，書本、甚至是裝訂成冊的期刊消失了，使我感到深沉的哀傷，因為實體書有其無可取代的地方，像是書的外觀、書的味道、書的重量。我想起圖書館曾經很珍惜老舊的書，還將古老珍稀的書籍放在一個特別的房間；我想起自己正是在一九六七年瀏覽書架時，找到愛德華．利文寧在一八七三年出版的《偏頭痛》，有了寫下第一本書的靈感。

探索大腦之旅

我在十三、四歲時第一次讀到弗里傑斯．卡林西 (Frigyes Karinthy) 的《環腦之旅》(*A Journey Round My Skull*)。我想，我後來撰寫自己的神經學病例時，也有受到這本書的影響。現在，我在六十年後重讀此書，還是覺得它非常出色。這不僅是一部闡述詳盡的個案史；這本書描寫一個擁有豐富情感和卓越天賦，甚至可說是天才的男子，在壯年時期罹患一個危及視力、心智和生命的疾病，這個疾病產生極為複雜的影響，使他經歷一趟充滿啟發、可分成不同象徵性階段的旅程。

這本書有一些缺點：有些段落離題很久，出現哲學或文學性的脫軌，敘事可以再緊湊一點；有些地方過於異想天開，不過卡林西在寫書的過程中愈來愈意識到這點，慢慢清醒過來，試著把新奇的想像力轉變成事實性、甚至是臨床的真實處境。然而，儘管有這些缺點，我還是認為卡林西的書是個傑作。現在市面上有非常多醫學回憶錄，包括他人和自己的傳記，因為過去二十年來，這個文類出現了爆炸性成長。雖然醫學技術產生了變化，人類的經歷卻沒有變，而第一部描述大腦內部活動的自傳性作品《環腦之旅》，仍是其中最優秀的著作之一。

弗里傑斯．卡林西生於一八八七年，是個著名的匈牙利詩人、劇作家、小說家和幽默創作者。四十八歲時，他開始出現一些症狀，後來得知是腦瘤。

某天晚上，他在布達佩斯最喜歡的咖啡廳喝茶，突然聽到一個明顯的隆隆聲，接著出現一個緩慢的餘音，音量愈來愈大……愈來愈大聲的轟鳴……最後又漸漸消失。他抬起頭，驚訝地發現四周什麼事都沒發生。沒有火車經過，而且他人也不在火車站附近。卡林西心想：「這是怎麼回事？外面有火車經過……還是某種新式的交通工具？」第四次聽見那樣的聲音後，他才發現自己出現幻覺。

卡林西在回憶錄裡說到，他偶爾會聽見有人輕聲呼喚自己的名字，這是我們每個人都會有的經歷。可是，這次很不一樣：

這個火車的隆隆聲很大、持續很久、連續不斷，大到淹沒了現實世界的聲音……過了一陣子，我驚覺那不是外在世界的聲音……聲音一定是從我的腦袋裡發出來的。

很多病患曾告訴過我，他們起初都會出現幻聽，通常不是人聲或噪音，而是音樂。一開始，他們所有人都跟卡林西一樣東張西望，想尋找聲音的來源，找不到任何可能的來源後，才勉強做出自己出現幻覺的結論。出現這種情況的人很多都害怕自己瘋了，畢竟幻聽是發瘋的典型症狀不是嗎？

卡林西倒是不擔心：

> 我並不覺得這起事件令人擔憂，只是覺得很怪、很不尋常……我不可能發瘋，因為若是那樣的話，我應該無法診斷自己的狀況。一定是其他方面出了問題。

所以，回憶錄的第一章〈看不見的火車〉開頭就像偵探故事或懸疑小說，有一個令人疑惑的怪異事件發生了，反映悄悄在他的大腦緩慢出現的變化。卡林西被捲入愈來愈複雜的情節之中，既是被調查的對象，也是展開調查的人。

天賦異稟又早成的卡林西（他十五歲就寫了第一本小說）在一九一二年二十五歲時至少已經出版了五本書，名氣響亮。他雖然大學主修數學，對各種科學領域都感興趣，但是最為人所知的卻是他的諷刺文字、政治熱忱和超現實的幽默感。他寫過哲學作品、戲劇、詩詞和小說，腦瘤的症狀剛出現時，正在撰寫一部龐大的百科全書，希望能媲美狄德羅的鉅著《百科全書》。創作先前這些作品時，他總是有一個計畫和架構，但是現在，卡林西被迫把注意力放在自己的大腦所發生的事，只能寫紀錄、做筆記和反思，對於未來會發生什麼事、這趟新旅程會帶他去哪裡，完全沒有任何清晰的概念。

火車幻聽很快變成卡林西生活的常態。他開始在固定的時間聽見那些聲音，不管他在自己最喜歡的咖啡廳或其他地方，每天晚上七點整一定會出現幻聽。不到幾天，更奇怪的事發生了：

照鏡子時，鏡子似乎會動，只有移動幾公分，然後便靜止了……現在是發生什麼事？我不會頭痛，也沒有其他任何疼痛感，我沒聽見火車聲，我的心非常正常……可是，包含我自己在內的一切，似乎都跟現實脫節。桌子跟平常的位置一樣，有兩個人剛走過咖啡廳，我的面前有熟悉的水瓶和火柴盒。然而，詭異且令人驚恐的是，這全都像是一場意外，彷彿這些東西會出現在這裡純粹是湊巧，如果出現在其他地方也不奇怪……現在，整個惡作劇箱開始滾來滾去，彷彿下方的地板塌了似的。我想抓住某個東西……但是哪裡都沒有固定點……除非我能在自己的腦袋裡找到，除非我能抓住某個影像或回憶或聯想，幫助我認得自己。就連某個字句或許也可以。

這段文字貼切地描述了感知、意識、自我的根本受到損害時會是什麼感覺。受害者淪落到普魯斯特 (Marcel Proust) 所謂的「不存在的深淵」，急迫渴望藉由某個影像、記憶或文字將自己從深淵中拉出。這可能只有發生一下下，但感覺卻很久很久。

此時，卡林西發覺可能真的發生了某件怪事，他心想自己是不是出現癲癇或即將中風。在接下來的幾個星期，他開始出現更多症狀：突然一陣反胃噁心、難以保持平衡或步伐不穩。他盡量不去想太多，但是最後因為視力愈來愈模糊，決定去看眼科醫師，展開一段挫敗不已的醫學探索之旅：

我不久後去看的那位醫師甚至沒有對我進行檢查，我敘述症狀到一半，他就舉起手說：「親愛的朋友，你的耳朵沒有卡他熱，你也沒有中風，你只是尼古丁中毒。」

難道是一九三六年的布達佩斯醫師比七十年後紐約或倫敦的醫師還糟嗎？不聽病患描述、不做檢查、固執己見、妄下結論，這些現象在現在就跟當時一樣普遍、一樣危險，如同傑羅姆．格魯普曼 (Jerome Groopman) 在《醫師怎麼想的》(*How Doctors Think*) 所精確描述的那樣。絕對治得好的疾病可能因為這樣沒被發現和診斷，導致一切為時已晚。卡林西的第一個醫師如果有檢查他，便會發現他協調方面出現狀況，顯示小腦有問題；如果他有檢查他的眼睛，會發現他有視神經乳頭水腫，是腦壓增高的跡象；假如他專心聆聽病患說的話，他就不會這麼漫不在乎：倘若不是腦部出了嚴重問題，沒有人會出現這種幻聽或像這樣意識突然遭到損害。

然而，卡林西隸屬於布達佩斯豐富的咖啡廳文化，因此他的社交圈不只有作家和藝術家，還有科學家和醫師。這可能讓他很難得到一個直接的醫學意見，因為他的醫師也是他的朋友或同業。幾個星期過去了，卡林西雖然沒有很在乎自己的症狀，卻開始被兩個回憶騷擾：一個跟年紀輕輕便死於腦瘤的朋友有關，一個跟他曾經看過的一部電影有關，特別是飾演偉大神經外科先驅哈維．庫興 (Harvey Cushing) 的演員在電影中替一個意識清楚的病患進行腦部手術的畫面。

這時候，卡林西開始懷疑自己可能也有腦瘤，因此堅持要眼科醫師（同時也是他的朋友）仔細檢查他的視網膜。他鮮明地描述當時的狀況，既令人驚愕又充滿諷刺意味，完全展現了他銳利的觀察力和幽默天賦。卡林西如此堅持，讓這位幾個月前逗著他玩的醫師有點吃驚。於是，他拿出檢眼鏡開始檢查：

他彎身靠近我時，我感覺到那個精巧的小儀器掠過我的鼻子，並聽見他有點費力地吸氣，努力仔細檢查我的眼睛。我等著他像平常一樣說出令我安心的話：「沒什麼不對勁啊！你只是需要換一副新眼鏡，這次度數要加深一點點……」可惜事與願違。我聽見H醫師吹了一聲口哨……

他把儀器放在桌上，頭歪向一邊，極其震驚地看著我，好像我突然變成一個陌生人。

突然間，卡林西不再是他自己，不再是社交圈的熟人、同輩、跟這位醫師一樣有感情的人類，而是一個標本。H醫師就像撞見某個夢寐以求的物種的昆蟲學家一樣興奮。他跑出房間，把同事叫來：

在極短的時間內，房間塞滿了人。助理、家庭醫師和學生衝上前來，爭相從別人手中搶過檢眼鏡。

教授本人也來了。他轉向H醫師說：「恭喜你！真是令人佩服的診斷！」這群醫事人員互相恭賀之時，卡林西試圖說話：

我怯怯地說：「男士們……！」

大家轉過身，彷彿現在才意識到有我這個人，而不是只有我那已然成為焦點所在的視乳頭在場。

世界各地的醫院都有可能出現這種場景——醫師突然把焦點放在一個有趣的病變上，全然遺忘那個不幸得到該病變的病人（儘管他可能已經嚇壞了）。每個醫師都會犯這樣的錯，所以我們才需要從病患視角出發寫成的書。讓像卡林西這樣詼諧機智、觀察敏銳、擅於表達的病患提醒我們，在這種令人興奮的「昆蟲大發現」時刻，人類元素是多麼容易遭到忽略，這是很有幫助的。

不過，我們也不能忘了，七十年前，要診斷腦瘤並找出它的位置是相當困難、棘手的一門藝術。一九三〇年代沒有核磁共振和電腦斷層技術，只有複雜且有時會造成危險的手術，像是將空氣注入腦室或將染劑注入腦血管。

因此，卡林西幾個月以來，不斷從一個醫師轉介給另一個醫師，視力也逐漸惡化。當他變得將近全盲時，他進入一個奇異的世界，再也無法確定自己是否真的有看見什麼東西：

我學會解讀光影提供的每一條線索，然後靠記憶拼湊出整體樣貌。我漸漸習慣活在這樣一個怪異的半黑暗世界，甚至幾乎開始喜歡上這個世界。我看物體的輪廓仍然可以看得蠻清楚的，而我的想像力則會幫忙填補細節，就像畫家填滿一個空白的畫框。我會觀察站在我面前的人的聲音和動作，想像他的臉長什麼模樣……我可能已經瞎了的這個想法，令我突然恐懼不已。我以為自己看見的事物，說不定就跟虛構的夢境沒兩樣。我說不定只是憑著人們的文字和聲音重新建構現實世界……我站在現實與想像的交界點，開始懷疑哪個是虛、哪個是實。實際看到的東西和腦海想像的東西全部混淆在一起。

卡林西即將永久失明之際，維也納一位卓越的神經學家奧托．普茨爾 (Otto Pötzl) 總算做出了準確的診斷，建議他立刻動手術。卡林西在妻子的陪同下轉乘好幾趟火車，到瑞典會見偉大的赫爾伯特．奧利維克羅納（Herbert Olivecrona）醫師，他是哈維．庫興的學生，也是世界上最厲害的神經外科醫師之一。

卡林西對奧利維克羅納的描述充滿洞見和諷刺，文字風格不像之前那樣豐盈滿溢，而是較為保守克制。他巧妙帶出這位北歐醫師謙恭內斂的性格，跟他那位顯赫的中歐病患所擁有的豐富情感形成很大的對比。卡林西終於不再猶豫、否認和懷疑，終於找到一位他能信任、甚至喜愛的醫師。

奧利維克羅納告訴他，手術會持續數個小時，但是他只會進行局部麻醉，因為大腦本身沒有感覺神經，不會疼痛，而且全身麻醉這麼久風險太高。此外，他也說到，大腦的某些部位雖然不會感到疼痛，但若受到刺激，有可能引起鮮明的視覺或聽覺記憶。

卡林西這樣描述腦部鑽洞的過程：

金屬鑽進我的頭顱時，發出極為可怕的尖銳聲。它快速鑽進骨頭，尖銳聲愈來愈大、愈來愈刺耳……突然間，在劇烈地抖了一下後，聲音停止了。

卡林西聽到頭殼裡出現一陣流動聲，不曉得是血還是脊髓液。接著，他被推進X光室，空氣注入了他的腦室，描繪出大腦受到腫瘤壓迫的輪廓。

回到手術室之後，卡林西臉朝下被固定在手術臺上，醫師開始正式動手術。他的頭顱露出很大一部分，接著一塊塊被移除。卡林西感覺到：

緊繃、壓迫，然後有一個破裂聲，還有一種很可怕的扭擰感……有個東西斷了，發出沉悶的聲音……這個過程重複許多次……好比破壞一個裝貨木箱時，將木板一片一片劈開。

頭顱打開後，所有的疼痛都停止了，但矛盾的是，這一點竟令他不安：

不，我的大腦不會痛，但這或許更令人氣惱。我寧願大腦會痛，因為比任何疼痛更讓我驚恐的是，我似乎陷入一個不可能的境地：一個人頭顱被打開，大腦露出來，不可能還能躺在那裡好好的……他繼續活著，是不可能、不可信、不應該的事情，更何況他還不只是活著，還意識清楚、腦袋正常。

奧利維克羅納沉穩和善的聲音不時打斷他的思路，跟他說明狀況、安撫他，使得卡林西從恐懼害怕變成平靜好奇。奧利維克羅納幾乎就像維吉爾，引導詩人病患穿越大腦的迴圈和地景。

手術進行六、七個小時後，卡林西經歷一個奇異的事件。那不是夢境，因為他的意識非常清楚，不過那倒有可能是意識的變化狀態——他彷彿一邊從手術室的天花板往下俯瞰自己的身體，一邊飄來飄去、忽遠忽近。

我腦中存在的幻覺似乎在手術室自由地移動。房裡只有一道光，均勻灑落在手術臺上。奧利維克羅納好像身體前傾……額頭上的燈照進我打開的頭顱。他已經把黃色液體流掉了。小腦的葉瓣似乎退縮分解了，我感覺自己好像看見切開的腫瘤內部。他使用紅得發燙的電針燒灼被切開的血管。血管瘤（由血管組成的腫瘤）清晰可見，躺在囊腫內，有點偏向一側。這顆腫瘤看起來像巨大的紅球，在我的想像中，似乎跟一顆小花椰菜一樣大。腫瘤的表面凸起，形成某種圖樣，好比是貝殼浮雕……奧利維克羅納要把它毀了，感覺有點可惜。

卡林西繼續詳述他的顯像或幻覺。他「看見」奧利維克羅納專注咬著下唇，技巧高超地移除腫瘤，很滿意自己完成了手術最重大的部分。

他對於所發生的經過描述得很詳細，我不知道這種強烈的顯像該叫做什麼。卡林西是用「幻覺」這個詞，但在空中往下俯瞰自己的身體，跟人們常說的「靈魂出竅」非常類似。靈魂出竅通常跟心跳停止或感覺即將面臨災難等瀕死經驗有所關聯，並且也被認為在顳葉癲癇發作或腦部手術期間刺激到顳葉時可能會發生。

不論這是什麼樣的經歷，卡林西似乎知道手術成功了，腫瘤已經順利移除，沒有傷到他的大腦。有可能是奧利維克羅納告訴他這件事，卡林西再把他說的話轉變成視覺。經過這強烈、令人安心的事件後，卡林西陷入深沉的睡眠，回到病床上後才醒來。

在奧利維克羅納的靈巧雙手下，手術進行得十分順利，後來發現屬於良性的那顆腫瘤移除了，卡林西完全康復，連醫師原以為會永久喪失的視力也復原了。他又可以閱讀寫字了。於是，大大鬆了口氣、充滿感恩的卡林西迅速完成《環腦之旅》這本書，並把第一本德文版寄給救了他一命的醫師。他緊接著寫了另一本風格和寫作方式不太一樣的《天堂的報告》(*The Heavenly Report*)，然後又開始寫《瓶中訊息》(*Message in the Bottle*)。

在一九三八年的八月，他的健康狀況看似非常良好、靈感源源不絕，他卻突然離世，享年五十一歲。據說，他是在彎腰綁鞋帶時猝死的。

臨床故事

冷凍保存

一九五七年，我還在理查・阿舍（Richard Asher）底下當醫學院學生時，認識了他的病人「托比叔叔」。這個奇怪的個案結合了事實和神話，令我驚奇不已。阿舍醫師有時會把它稱作「李伯大夢個案」❶。一九六九年，我自己那些罹患腦炎之後「醒過來」的病患常讓我想起當年的個案，因此這個故事多年來在我的潛意識揮之不去。

有一天，阿舍醫師出診探視一位病童。他跟孩子的家人討論治療方式時，注意到角落有一個靜悄悄、一動也不動的人。

他問：「那是誰呀？」

「他是托比叔叔，他這七年來都沒有動。」

❶ 編按：《李伯大夢》（*Rip van Winkle*）的主角在某一次上山打獵時，誤喝了地精釀的仙酒，而在山中沉睡了二十年，甚至錯過了美國獨立戰爭。

托比叔叔已經變成這個家中一件不怎麼需要照料的家具了。起初，他的動作是逐漸地慢下來，所以一家人都沒有發覺，但是後來，他的動作完全停頓下來，這家人居然也就接受了。每天都有人餵他吃飯喝水、給他翻身，有時候還幫助他如廁。他真的不會麻煩到別人，就像家具的一部分。大部分的人從不曾注意到他安安靜靜地待在角落。家人不認為他生病了，他只是停止運轉而已。

阿舍醫師對這個好似蠟像的人說話，卻沒得到任何回答或反應。他伸出手要把脈，卻碰到一隻冰冷的手，幾乎跟屍體一樣冰。然而，他確實有很微弱緩慢的脈搏。托比叔叔還活著，只是卡在某種奇怪的冰冷麻木狀態之中。

醫師跟他的家人進行了一段怪異、令人不安的討論。他們一點也不擔心托比叔叔，卻又非常照顧他。顯然，這就像一個潛伏、難以察覺的改變有時候會發生一樣，他們純粹是採取既來之、則安之的態度。但是當阿舍醫師跟他們談過，並建議將托比叔叔帶到醫院時，他們同意了。

於是，托比叔叔住進醫院一間有著特殊設備的代謝加護病房，我就是在那裡遇見他的。一般的臨床溫度計量不到他的體溫，所以他們拿了低溫病人專用的特殊溫度計。他的體溫只有攝氏二十度，比正常人低了十六度。醫師立刻對自己的猜想進行測試，馬上就證實他的想法是對的：托比叔叔的甲狀腺沒有任何機能，他的代謝率幾乎降到零。在幾乎沒有任何甲狀腺機能可以刺激代謝的情況之下，他陷入了甲狀腺低下性昏迷，也就是黏液水腫昏迷，明明活著卻不是真的活著，生命遭到中止，被冷凍保存起來。

解決辦法很明顯，因為這是個簡單的醫學問題：我們只需要給他甲狀腺素，他就會醒過來。然而，重新啟動新陳代謝的過程必須進行得非常小心緩慢，因為他的身體機能和器官已經適應了低代謝，如果代謝刺激得太快，會出現心臟或其他方面的併發症。所以，我們非常緩慢地替他補充甲狀腺素，他的體溫也非常緩慢地上升了……

過了一個星期，沒有發生任何事，但是托比叔叔的體溫已經升到二十二度。直到第三週，他的體溫升到二十六度以上時，他才開始移動還有說話。他的聲音極為小聲、緩慢、沙啞，就像一分鐘只轉一圈的留聲機（會這樣是聲帶黏液水腫造成的）。他的四肢原本也因為水腫而僵硬腫脹，但在物理治療和逐漸有在使用的情況下，變得比較靈活柔軟了。一個月後，托比叔叔的體溫雖然還是偏低，說話動作依然緩慢，但是他顯然已經「甦醒」，表現出活力、意識和擔憂。

他問：「發生什麼事了？我怎麼會在醫院？我生病了嗎？」我們反問他，他覺得怎麼樣，他說：「有點冷，有點懶散，好像身體慢了下來似的。」

我們問他：「歐金斯先生（我們只在私底下叫他托比叔叔），從你覺得冷、覺得慢，到你發現自己在醫院的這段期間，發生了什麼事？」

他答道：「沒什麼，至少我不知道有發生什麼事。我想我一定是身體出了問題，昏迷過去，然後我的家人把我帶來這裡。」

我們用平淡的語調問：「那麼你昏迷多久了？」

「多久？一、兩天吧，不可能更久，我的家人肯定會帶我到醫院的。」

他好奇認真地觀察我們的表情。

「應該就是這樣，沒什麼不尋常的？」

我們向他保證：「沒什麼。」然後便速速離開。

歐金斯先生似乎完全不覺得時間流逝了（除非我們誤會了他的意思），或至少流逝的時間很短暫。他先前覺得不適，但現在好多了，就這樣，沒什麼。他真的是這麼想的？

同一天稍晚，護理師慌張地跑來找我們，證實了這一點。她說：「他現在很有活力，非常愛講話。他講到了同事、工作、前首相艾德禮、喬治六世的病況、『新』推出的醫療保健服務等。他完全不曉得現在發生的事情，好像以為現在是一九五〇年。」

托比叔叔身為一個人、一個有意識的個體，他的生命卻曾經慢了下來，然後完全中止，彷彿陷入昏迷狀態。他「離開」、「缺席」了一段長得不合理的時間，不是在睡覺或出神，而是潛入深淵之中。現在，他重新潛出水面了，那些年對他來說卻是一片空白。這不是失憶，也不是「迷失方向」；他的腦部較高級的機能就這樣停止運轉了七年。

如果知道自己失去了七年的時間，許多令他興奮、對他來說相當重要、他很珍視的事物都再也回不來了，如果知道自己沒有活在當下，變成過去的一部分、一個不合時宜的東西、一個被保存下來的活化石，他會有什麼反應？

不管這樣做是對或錯，我們決定採取迴避政策（不只迴避，還有欺騙）。當然，這只是權宜之計，讓他的生理和心理先恢復足夠的健康，才可以接受真相，承受如此巨大的震驚。

因此，醫院的員工完全沒有糾正他以為現在是一九五〇年的認知。我們小心地注意自己的言行、禁止閒聊，以免透露任何跡象；我們還給他很多一九五〇年的報章雜誌，他興致勃勃地閱讀這些刊物，但偶爾會對於我們不知道這些「新聞」而感到驚訝，也對泛黃、破舊的報紙感到奇怪。

六個星期過去了，他的體溫已經幾乎恢復正常。他看起來十分健朗，比他的實際年齡還年輕許多。

此時，發生一件終極的諷刺事件。他開始嚴重咳血。X 光顯示他的胸腔裡有一個團塊，支氣管鏡則顯示那是一顆高度惡性、快速增生的燕麥狀細胞瘤。

我們設法找到了他在一九五〇年進行的慣例 X 光檢查的胸腔片子，看見當時被忽略的小小腫瘤。像這樣高度惡性的腫瘤通常會快速成長，幾個月內就能致命，但他卻得了這個腫瘤七年。看樣子，腫瘤跟他身體其他部位一樣，也被冷凍保存起來了。現在，他的代謝恢復正常，癌症也開始恣意肆虐。幾天後，歐金斯先生因劇烈咳嗽發作死亡。

他的家人讓他陷入冰冷，拯救了他；我們讓他甦醒，結果他卻死了。

神經失調造成的夢境

埃及人認為，夢境是一種預言和前兆；佛洛伊德認為，夢境是滿足願望的幻覺；弗朗西斯．克里克 (Francis Crick) 和格雷姆．米奇森 (Graeme Mitchison) 認為，夢境是「反向學習」，用來移除大腦中過多的「神經垃圾」。無論怎麼解釋夢境，可以確定的是，夢境可能也直接或間接地反映了身心目前的狀態。

所以，神經失調（大腦本身或者其感官或自律輸入的失調）當然也可能以驚人且明確的方式改變夢境。每一個神經科醫師絕對都知道這點，但我們卻鮮少詢問病患做了什麼夢。醫學界完全沒有這方面的文獻，但是我認為詢問病人做了什麼夢是神經檢查很重要的一部分，可以協助做出診斷，並顯示夢境對神經健康和疾病有多敏感。

多年前我在一間偏頭痛診所工作時，初次發現這件事。我發現，極強烈夢境的發生不但跟視覺性偏頭痛先兆有關，偏頭痛先兆也經常引發夢境，病患可能夢到光幻視、之字形、擴張的視盲點或是增強後又消退的色彩或線條等。他們的夢境可能包含視域缺陷或單側盲的現象，抑或是更罕見的「馬賽克」或「類電影」畫面。

在這些例子中，神經現象可能以相當直接赤裸的方式出現，入侵原本正常展開的夢境。但是，這些現象也有可能跟夢境結合，被夢境的影像和象徵符號融合或改變。因此，偏頭痛造成的光幻視時常以煙火的形式出現在夢境中，我有一個病人有時候則會在出現夜間偏頭痛先兆時，夢到核能爆炸。他會先看到一顆令人眩目的火球，有著典型的偏頭痛型態、虹彩之字形邊緣。火球一邊變大、一邊發光，最後被一個視盲點取而代之，夢境出現在盲點四周。他通常會在此時醒來，光幻視漸漸減弱，出現強烈的噁心感，然後開始頭痛。

如果枕葉（也就是視覺）皮質發生病變，病患在夢境中可能會觀察到特定的視覺缺陷。我在《火星上的人類學家》提到的色盲畫家I先生患有中樞性色盲，他說他的夢境再也不是彩色的了。紋外皮質發生某類型病變的人，做夢時可能會認不得人臉，這稱作「臉孔失認症」。我有一個枕葉長了血管瘤的病人，知道他的夢境如果突然充滿紅色、「變成」紅色的，他就是要癲癇發作了。假如枕葉皮質受損的範圍夠大，夢境有可能完全沒有視覺影像。我偶爾會在阿茲海默症患者出現的症狀中發現這個情況。

我還有一個病人患有局部的感官和運動癲癇，他曾夢到自己在法庭上被佛洛伊德起訴，佛洛伊德一邊念出他的控告，一邊用小木槌敲他的頭，但奇怪的是，他痛的竟然是左臂。他醒來後，發現左臂感覺麻木、正在抽搐，發生了典型的局部癲癇。

最常見的神經夢境會出現疼痛、不適、飢餓或口渴，除了明顯地呈現出來，也會偽裝在夢境的場景之中。例如，一個腿部開刀後剛上石膏的病患便夢到一個壯碩的男子踩在他的左腳上，令他疼痛不已。他一開始禮貌地請男子把腳移開，接著語氣愈來愈急切。男子不理會他的請求，他便試著用身體把男子推開。但無論他怎麼推都沒有用，接著他才明白為什麼。原來，這個男子是所謂的中子元素，完全由密實的中子所組成，重達六兆公噸，跟地球一樣重。他最後一次嘗試推動這位不可能推得動的男子，然後驚醒過來，感覺腳像被什麼緊緊箍住那樣劇痛。原來，新石膏壓迫他的腳，使它缺血了。

有時，病人會在發病前夢到自己發病。我在《睡人》這本書說到一名在一九二六年患有急性昏睡性腦炎的女子，她曾經徹夜夢到一連串怪誕恐怖的夢境，主題一模一樣：她被囚禁在一座沒有人到得了的城堡之中，城堡的形狀就是她自己。她夢到魔法、巫術；她夢到自己變成一座有知覺的石雕；她夢到世界暫停運轉；她夢到自己陷入深沉的睡眠，什麼都叫不醒她；她夢到自己經歷一個跟死亡不太一樣的死亡。她的家人隔天早上很難叫醒她，當她終於醒來時，令人驚駭的是，她竟然在一夕之間出現帕金森氏症，變得僵直。

我在《錯把太太當帽子的人》提到克莉絲汀娜這名女子。她住進醫院，準備開刀取出膽囊。醫師給她預防性抗生素，由於她是個身體健康的年輕女性，所以不認為她會出現併發症。然而，手術前一晚，她做了一個十分強烈的惡夢。她在夢中瘋狂晃動，站得非常不穩，幾乎感覺不到腳下的地面，還有手裡的任何東西，她雙手拚命揮舞，拿起什麼東西都會掉落。

這場夢令她非常不安（她說：「我從來沒有做過這樣的夢，它在我的腦中揮之不去。」），不安到我們前去徵詢精神科醫師的意見。精神科醫師說：「這是術前焦慮，蠻正常的，常常會看到。」然而，短短幾個小時內，惡夢就成真了，這位病人出現急性感覺神經病變，喪失本體感覺，如果不低頭看就不知道自己的四肢在哪裡。我們不得不假定，在這個例子中，疾病已經影響到她的神經機能，潛意識的大腦——做夢中的大腦——比大腦醒著的時候還敏感。這種前驅或前兆型的夢有時候也可能是美夢，會帶來快樂的結局。多發性硬化症的患者可能夢到自己的症狀減輕，幾小時後症狀就真的減輕；中風或神經受損的患者可能會夢到身體變好了，後來身體真的好起來。跟前面的例子一樣，做夢中的大腦或許比使用扣診槌進行的檢查還要敏感，更能顯示神經機能的狀態。

有些夢境似乎不只是種預兆。我就擁有一個驚人的親身經歷，始終難以忘懷（我在《單腳站立》〔*A Leg to Stand On*〕這本書有大篇幅描述過）。我在某次腳傷康復期間，醫師告訴我可以從使用兩支拐杖改成一支拐杖就好，但我試了兩次，兩次都跌得很慘。我想不透該怎麼用一支拐杖行走。後來，我睡著了，做了一個夢。我夢到自己伸出右手抓住掛在頭上的拐杖，把它夾在右腋下方，然後非常自信輕鬆地開始走路。醒來之後，我伸出右手，抓住掛在頭上的拐杖，然後非常自信輕鬆地開始走路。

在我看來，這不只是一個前驅型的夢。這個夢做了一件事，透過宛如通靈般的表演、彩排或演練，解決了大腦面臨的運動神經問題。簡單來說，這個夢做出了學習的行為。四肢或脊椎受傷所造成的身體變化，幾乎都會出現在夢境中（至少如果傷害是急性的時候），直到身體「適應」了為止。我自己得到「去傳入神經性」的腿傷時，便曾反覆夢到壞死或不見的四肢。然而，這些夢在幾個星期內就會停止，因為皮質已經修正或「修復」身體形象（麥克・梅日尼奇〔Michael Merzenich〕的猴子實驗便證實了這種皮質構圖的變化）。反之，「幻肢」也會非常頑固地入侵夢境（就像它們入侵清醒的意識那般），可能是殘肢持續受到神經激發的緣故。不過，隨著時間過去，這些夢境就會逐漸縮短、消退。

帕金森氏症產生的現象也可能進入夢境。愛德．W是一個反思能力很強的人，他覺得自己得到的帕金森氏症最早的表現就是夢境風格變了。他會夢到自己只能緩慢移動，或是整個人僵住，或是匆匆忙忙地停不下來。他也會夢到空間和時間改變了，不斷「轉換比例」，變得混亂錯誤。漸漸地，在接下來的幾個月，這些鏡子般的夢境成真了，旁人明顯看出他動作遲緩、步伐急促。但是，這些症狀一開始是出現在夢境中。❶

一般帕金森氏症的患者在使用左多巴（L–DOPA）後，第一個出現的反應往往是夢境出現變化，罹患腦炎後帕金森氏症的患者也是。他們的夢境通常會變得更栩栩如生、更充滿情緒（許多患者說他們的夢境突然變得色彩鮮明）。有時，這些夢境實在太過真實，他們醒來後仍忘不了、甩不掉。

像這種在感官層面和無意識精神內容的激發程度上都很過度的夢境（某方面類似幻

---

❶ 我認識一個妥瑞氏症患者，他覺得自己常常會做很「妥瑞」的夢，因為這些夢特別瘋狂活潑，充滿驚奇、加速和突然的轉向。他如果服用鎮靜劑氟派醇，就不會做這樣的夢；這時，他的夢會變成「單純為了滿足願望，沒有妥瑞夢那樣複雜浮誇」。

覺），常發生在發燒、譫妄、服用某些藥物（類鴉片藥物、古柯鹼、安非他命等）之後，或是藥物戒斷或快速動眼反彈的狀態中。某些精神病發作前也可能出現類似這樣無法控制的幻覺，這些瘋狂夢境就像火山發出隆隆聲，宣告火山即將爆發。

對佛洛伊德來說，夢境是通往潛意識的「康莊大道」；對醫師來說，夢境或許不是一條康莊大道，卻是做出意外診斷和發現的羊腸小徑，可能讓我們獲悉病患的狀況。這條羊腸小徑充滿驚奇，不應該被忽視。

虛無

大自然厭惡空無，而我們也是。虛空的概念，那種空蕩蕩、沒有任何東西、沒有空間、沒有地方——所有的「沒有」——的概念既令人厭惡，也叫人無法想像，但卻用最奇怪、最矛盾的方式縈繞在我們的心頭。如同貝克特 (Samuel Beckett) 所寫的：「沒有什麼比什麼都沒有還要真實。」

笛卡兒認為，所謂空蕩蕩的空間是不存在的；愛因斯坦認為，所有空間都有磁場；康德認為，空間與延伸的概念是「理智」透過操作一個普世的「先天綜合判斷」賦予經驗的形體。康德把完好活躍的神經系統想像成某種轉換器，利用現實形成理想，利用理想形成現實。這個概念有一個長處，是形上學的相關概念非常少見的，那就是它可以馬上實際測試出來——在神經學和神經生理學方面。

舉例來說，假如一個人被施以脊髓麻醉，阻斷了下半身的神經傳遞，他不只會感覺癱瘓和無感，還會感覺下半身完全「不存在」(雖然這是不可能的)，好像自己被切成兩半，下半身完全不見了，而且不是跑到某個地方、其他地方的那種熟悉的感覺，而是「不存在」、不在任何地方的一種詭異的感覺。被施以脊髓麻醉的病患有的會說自己的一部分「不見」或「消失」，有的會說感覺起來像死肉、沙子或糊狀物，有的會說那個部位沒有生命，沒有「意志」。一個病人試圖表達那種無法表達的感覺，最後說他的肢體感覺「哪裡都找不到」、「不像地球上的任何東西」。聽到這樣的描述，不禁令人聯想到霍布斯(Thomas Hobbes) 所說的：「不屬於身體的就不是宇宙的一部分；由於宇宙是所有，不是宇宙一部分的就什麼也不是，因此也就不存在任何地方。」

脊髓麻醉是短暫「消滅」的極端例子，但日常生活中還有很多更簡單的消滅例子。例如，我們每個人都曾經睡在自己的手臂上，壓迫到神經，短暫消滅這個部位的神經傳導。這種經歷雖然非常短暫，卻十分詭異，因為手臂就好像不再是「我們自己的」，而是一個無生命、無感知的東西，不屬於我們身體的一部分。維根斯坦 (Ludwig Wittgenstein) 認為，確定身體存在，便是「確定性」的基礎：「如果你能說『這是一隻手』，其他的都保證存在。」可是，當你在壓迫到手臂的神經後醒來，除非是以純粹正統的意義來看，否則你沒辦法說「這是我的手」或甚至「這是一隻手」。向來被視為理所當然的公理事物其實充滿不確定性，而是有條件的——擁有身體、擁有任何東西，必須先滿足擁有神經這個條件。

在生理和病理方面，都有無數常見及少見，短暫、長時間或永久消滅的例子。中風、腫瘤或損傷若是發生在右腦，通常會造成左腦部分或完全消滅的感覺，可以描述成「無感」、「沒有留意」、「疏忽」、「失認症」、「病覺缺失症」、「阻抑」或「異化」。這些全都是虛無的經驗，或者更準確地說，是經驗的喪失。

即使大腦是完好的，脊髓或肢體神經叢若受到阻斷，也會造成類似的情況，因為大腦無法獲得形成影像，也就是康德所謂的「直覺」所需的資訊。確實，如果在脊髓或局部阻斷期間測量大腦電位，會發現腦部負責表現身體形象的對應部位活動減少了——這就是康德理想需要的實證現實。類似的消滅情形也有可能發生在末梢，像是肢體的神經或肌肉受損，或者是肢體被石膏包住時（肢體同時被固定和包覆，可能短暫中斷神經傳導和衝動）。

從這個極為弔詭的層面來看，虛無是真實的。

在第三千紀看見神

醫學文獻裡有很多謹慎完成的紀錄，描述在癲癇發作期間，患者經歷了強烈、改變其一生的宗教事件。發作時，可能出現強度極高的幻覺，有時會伴隨極樂或強烈的超自然感受，尤其是顳葉癲癇造成的狂喜發作❶。發作時間雖然短暫，卻可能使一個人的生命出現根本上的「重新定位」，或可稱作「宗教皈依」。杜斯妥也夫斯基時常癲癇發作，描述了很多自身經歷，包括這一段：

> 空氣中充滿一種很吵的聲音，我試著要移動。我感覺天堂就要降臨人間，將我吞沒。我真的碰觸到神。祂進入我的體內，我大喊，對，神是存在的，其他東西我都不記得。你們這些健康的人……無法想像我們這些癲癇患者在發作前一秒感受到的喜樂

---

❶ 我在《幻覺》這本書詳細探討了狂喜發作和瀕死經驗。

……我不知道這樣的幸福是維持幾秒、幾小時或幾個月的時間，但是相信我，在人生帶來的所有喜悅之中，絕對比不上這一個。

一百年後，肯尼斯．杜赫斯特 (Kenneth Dewhurst) 和 A．W．貝爾德 (A. W. Beard) 在《英國精神病學雜誌》(*British Journal of Psychiatry*) 上發表一篇詳細的報導，描述一名公車車掌在收車資時，內心突然充滿喜悅。他們寫道：

他的心中突然充斥極樂之感，感覺自己身處天堂。他一邊點收正確的車資，一邊告訴乘客他身在天堂是多麼開心……他就這樣滿懷喜樂地聽見天堂和天使的聲音兩天的時間。之後，他依然能回想起那段經歷，並持續相信那些都是真實的。(三年後) 在連續三天經歷三次癲癇之後，他又出現這種喜悅之感。他宣稱他的腦袋「清醒了」……在這段期間，他失去了信仰。

他不再相信天堂、地獄或來生的存在，也不相信基督具有神性。他從皈依宗教變回無神論，轉變過程就跟一開始皈依宗教那樣充滿興奮和啟示的特質。

近期，歐林．德文斯基 (Orrin Devinsky) 跟他的同事成功錄下這類癲癇發作的患者的腦電波圖影像，發現在他們出現這些感受的同時，顳葉的癲癇活動也正好出現高峰（右顳葉較為常見）。

狂喜發作很罕見，只有百分之一或二的顳葉癲癇患者會發生。但，過去五十年來，其他跟宗教方面的喜悅和驚奇、「天堂」的異象和聲音以及宗教皈依有關的狀態變得愈來愈常見。靈魂出竅（現在從心搏停止等情況被救回來的病人愈來愈多，因此這個體驗變得更常見了）以及更複雜、更超自然的瀕死經驗都屬於這類現象。

靈魂出竅和瀕死經驗是在意識清醒但呈現變化狀態時發生的，會引起非常栩栩如生的幻覺，導致經歷者可能會否認這是幻覺，堅稱這是真實的經歷。不同人的描述由於相似度極高，也讓某些人認定這是客觀的「事實」。

可是，不管發生的原因和形式為何，幻覺之所以感覺起來這麼真實，根本原因就在於它運用了實際感知所運用的同一套腦部系統。如果出現幻聽，就表示聽覺路徑啟動；如果看見一張臉的幻覺，就表示通常用來在環境中認臉的紡錘臉孔腦區受到刺激了。

經歷靈魂出竅的人會感覺自己離開了肉身，好像漂浮在半空或房間的角落，在遠處俯瞰自己的軀體。這樣的體驗可能讓當事者感覺喜悅、恐懼，或什麼感受也沒有。然而，

「靈魂」好似與肉體分開的這個經歷是如此奇特，會深深烙印在當事人的心中，被某些人認定是無形靈魂存在的證據，證實人的意識和性格可以獨立存在於身體之外，即使肉身死去仍繼續存活。

從神經學角度來看，靈魂出竅是一種肉體幻覺，是視覺和本體感覺短暫解離造成的結果。在正常的情況下，視覺和本體感覺會互相協調，所以我們平常是用自己的眼睛、自己的頭腦觀看這個世界和自己的身體。來自斯德哥爾摩的亨利克．埃爾森（Henrik Ehrsson）和他的同儕研究員證實，靈魂出竅的經歷可透過實驗製造出來，只要使用影像護鏡、假人、橡膠手臂等簡單的器具，就能混淆一個人的視覺輸入和本體感覺輸入，創造出脫離肉體的詭異感覺。

不少醫學狀況都可能引起靈魂出竅的幻覺，如心搏停止、心律不整或是血壓或血糖突然驟降（可能合併焦慮或不適）。我知道有的患者在難產期間經歷靈魂出竅，有的則因為嗜睡症或睡眠麻痺而出現這種經歷。在飛行中經歷極高Ｇ力（或有時使用離心機進行訓練）的戰鬥機駕駛員，也說他們感覺自己靈魂出竅，還有出現其他類似瀕死經驗的複雜意識狀態。

瀕死經驗通常包含幾個典型的階段。經歷者好像會在極樂的狀態中毫不費力地走過一條黑暗的走廊或隧道，通往一道美妙的光線——通常被解讀成天堂或生與死的交界。他們可能會看見親朋好友在另一端歡迎他們，或者生命中的回憶會迅速但極為詳細地在眼前重播，宛如一部閃電般的自傳。靈魂可能突然返回身體裡，像是在原本停止的心跳突然恢復的瞬間，也有可能緩慢回歸體內，例如從昏迷中漸漸甦醒時。

靈魂出竅有時會演變成瀕死經驗。外科醫師東尼．西科里亞 (Tony Cicoria) 告訴我，他曾被閃電擊中，後來發生過這樣的經歷。我在《腦袋裝了2000齣歌劇的人》寫下了他栩栩如生的描述：

「我正在往前飛。我感到困惑，看看四周，發現我的身體在地上。我對自己說：『慘了，我死了。』一些人聚集在我的身旁，一名女子開始為我進行心肺復甦術，她原本站在我後面，等著用電話……我飄上樓梯，我的意識跟著我走。我看見我的孩子，明白他們會沒事的。然後，我被藍白色的光圍繞……感到深深的舒暢與平靜。我人生中的最高點和最低點快速掠過……純粹的想法，純粹的狂喜。我有加速、被往上拉的感覺……速度很快，方向明確。然後，當我正對自己說：『這是我擁有過最美妙的感受』——砰！我回來了。」

在這之後，西科里亞醫師有一個月左右的時間出現記憶方面的問題，但是他仍能繼續從事整形外科的職業。可是，他說他「改變了」。他原先對音樂並沒有什麼興趣，現在卻極度渴望聆聽古典樂，尤其是蕭邦的作品。他買了一架鋼琴，開始熱衷演奏和作曲。他深信，這整件事情——被閃電擊中、出現超驗的異象，接著被救回來，獲得這份天賦，讓他得以把自己的音樂帶給這個世界——都是天意。

西科里亞擁有神經科學的博士學位，因此他覺得自己會突然產生性靈和音樂方面的頓悟，肯定跟大腦發生的變化有關，而這樣的變化或許可以透過神經成像加以釐清。他不認為宗教信仰跟神經科學有所衝突。西科里亞覺得，假如神可以在人身上行使任何影響，祂必定是透過神經系統、透過大腦專門處理性靈感受和信仰的部位這麼做。西科里亞面對自己的性靈轉變時，抱持著十分理性、甚至可說是科學的態度，和另外一名醫師伊本．亞歷山大 (Eben Alexander) 在著作《天堂的證明：一位哈佛神經外科權威醫師的瀕死體驗》中所表現的態度截然不同。他在書裡詳細描述了自己因為腦膜炎昏迷七天，期間經歷的複雜瀕死經驗。他寫到，在瀕死經驗中，他通過了那道亮光，也就是生死之間的交界，來到一片充滿田園風光的美麗草地（他覺得那就是天堂）。在那裡，他遇見一個美麗的陌生女子，對方靠心電感應傳達了許多訊息給他。愈深入來世，他愈感受到神廣大的存在。在這段經歷後，亞歷山大開始傳福音，想要散播天堂真的存在的好消息。

亞歷山大充分利用自己身為神經外科醫師和大腦運作方式專家的經歷，在書末詳細附上「我原以為可以解釋這種經歷的神經科學假說」，然後說這些全都不適用於他的狀況，因為他堅稱，他的大腦皮質在昏迷期間完全無法運作，不可能產生任何有意識的經歷。

可是，他的瀕死經驗充滿豐富的視覺和聽覺細節，跟許多類似的幻覺一樣。這點令他十分困惑，因為這些感官細節通常是皮質產生的。無論如何，他的意識確實進入了妙不可言的極樂世界，他認為這趟旅程維持的長度，跟他大部分陷入昏迷的期間重疊。因此，他提出一個論點，那就是他的自我本質——即他的靈魂——不需要大腦皮質或任何有形的基礎。

然而，我們的神經系統沒有那麼容易可以解釋過去。亞歷山大醫師說自己是突然間從昏迷中甦醒的：「我的眼睛睜開……我的大腦……剛甦醒過來。」但是，昏迷的病患幾乎都是漸漸甦醒的，因為意識會經過好幾個階段。瀕死經驗通常是在這些過渡階段、部分意識恢復但頭腦又尚未完全清醒時發生。

亞歷山大堅稱自己的旅程持續了好幾天，所以一定是在深度昏迷期間發生。但是，從東尼·西科里亞和其他許多人的經歷可以知道，這種通過亮光抵達另外一個世界的幻覺（完整的瀕死經驗）雖然感覺持續很久，卻可能只有發生二、三十秒。主觀來說，在這類危機發生期間，時間的概念可能會出現變化或變得沒有意義。因此，亞歷山大醫師最可能發生的情況其實是，他的瀕死經驗不是發生在昏迷期間，而是發生在他正要從昏迷中甦醒、皮質正要恢復正常運作的時候。不曉得為什麼，他不願接受這個明顯且自然的解釋，卻要堅持這是超自然的經歷。

像亞歷山大醫師這樣否認瀕死經驗有任何自然的解釋，不僅不科學，甚至反科學，阻礙我們對這類狀態進行科學調查。

肯塔基大學的神經學家凱文·尼爾森（Kevin Nelson）已探討瀕死經驗和其他「深度」幻覺形式的神經基礎好幾十年。二〇一一年，他把自己的研究寫成一本書很有智慧、內容嚴謹的著作《大腦的性靈大門：一名神經學家尋找神的過程》（*The Spiritual Doorway in the Brain: A Neurologist's Search for the God Experience*）。

尼爾森認為，大部分瀕死經驗描述的「黑暗隧道」，其實是眼睛血壓出現問題、視域收縮所造成的，而「亮光」則是視覺激發從腦幹經過視覺中繼站、最後到達視覺皮質所引起的（即所謂的「腦橋－膝狀體－枕葉」路徑）。

各種病症（眼盲、耳聾、癲癇、偏頭痛或感覺剝奪等）可能引起的單純感知幻覺，如圖案、動物、人物、地景、音樂等方面的幻覺，通常不會出現重大的意識轉變，而且儘管十分驚人，卻幾乎總是被判定為幻覺。這些跟狂喜發作引起的極為複雜的幻覺或是瀕死經驗很不一樣——這些幻覺常被認為是真實的，述說著真相，並因為揭露了性靈宇宙及性靈命運或使命，而改變經歷者的一生。

人性當中擁有性靈感受或宗教信仰的傾向，似乎也跟神經系統有關，只是在某些人身上相當強烈，在某些人身上則沒發展得那麼明顯。對那些具有宗教傾向的人來說，瀕死經驗似乎提供了伊本·亞歷山大所謂的「天堂的證明」。

有些擁有宗教信仰的人則是透過另一個途徑——禱告——獲得天堂的證明。人類學家T·M·魯爾曼（T. M. Luhrmann）在她的著作《當上帝回答》（*When God Talks Back*）中，便探索了這個主題。神的本質是無形的，神沒辦法用一般的方式看到、感覺到或聽到。所以，魯爾曼不禁納悶，在缺乏證據的情況下，神怎麼會在這麼多福音傳播者和其他信徒的生命中，成為如此真實而親密的存在？

她以觀察者的身分加入一個福音團體，讓自己沉浸在他們的禱告和視覺化活動，跟成員一起用愈來愈豐富、愈來愈具體的細節，想像《聖經》中所描繪的人物和事件。她寫到：

會眾練習使用自己的心之眼觀看、聆聽、嗅聞和碰觸。他們賦予這些想像出來的經歷和曾發生過的真實事件一樣栩栩如生的感官感受。因此，他們想像的事物變得更真實了。

久而久之，在這種強烈的練習下，有些會眾的思緒可以從想像跳躍到幻覺，所以能聽見和看見神，感覺神就在他們身旁。他們所渴求的這些聲音和畫面會像真正的感知一樣，是因為他們啟動了大腦的感知系統，就跟所有的幻覺一樣。這些畫面、聲音和「神就在身邊」的感覺會伴隨著強烈的情感，如喜悅、平靜、驚奇和啟發。有的福音傳播者會擁有多次這樣的經歷，有的可能只有一次，但就算只經歷過一次，那次經歷跟實際感知強大的力量結合之後，也有辦法讓人維持信仰一輩子。沒有宗教傾向的人也可能透過其他方式獲得這種經歷，諸如冥想或是極度專注在某個藝術、知識或情感層面，像是戀愛、聆聽巴哈的音樂、觀察蕨類奧妙的構造或解開科學難題。

過去一、二十年來，有愈來愈多研究在探討「性靈神經科學」這個領域。這些研究有其獨特的難點，因為宗教經驗無法隨心所欲產生，發生的時機和方式無法預測（信徒的說法是，神會按照自己的時間和方式現身）。然而，研究者確實成功證實了，不只癲癇發作、靈魂出竅和瀕死經驗等病理狀態會造成生理變化，禱告和冥想等正向狀態也會。這些變化涉及的部位通常都蠻廣的，除了大腦的主要感官部位之外，還涉及到邊緣系統（負責情感）、海馬系統（記憶）和前額葉皮質（意圖和判斷）。

無論是具啟發性或普通平凡的幻覺，都不是超自然現象，而是人類意識與經驗正常範疇的一部分。但這不表示幻覺對性靈生活而言不重要或對個人沒有意義，雖然有些人會想賦予幻覺一些意義、利用幻覺鞏固自己的信念或創造敘事，這些是可以理解的，可是幻覺並無法提供任何無形個體或地方確實存在的證據，幻覺只能證明大腦具有創造出它們的能力。

打嗝及其他怪異行為

在《勇往直前》這本書中，我提到我在一九六〇年結識一名男子的故事。當時，我在舊金山以研究助理身分替葛蘭特．利凡(Grant Levin)和貝特朗．法因斯坦(Bertram Feinstein)這兩位擅長替帕金森氏症患者開刀的神經外科醫師工作。

他們有一名病患B先生是咖啡商，曾在一九二〇年代昏睡性腦炎流行期間罹患該疾病，雖然幸運倖存，現在卻飽受腦炎後帕金森氏症的折磨。B先生有點虛弱，同時出現氣腫，但是除此之外，他看起來非常適合進行可減少帕金森氏症顫抖與僵硬症狀的冷凍療法。

然而，手術過後，他馬上開始打嗝。起初我們認為這沒什麼，只是暫時的狀況。但打嗝的情形沒有停止，還愈來愈嚴重，擴張到背部和腹部的肌肉，撼動他整個身軀。他打嗝打得非常劇烈，連吃飯都成問題，而且幾乎無法入眠。我們嘗試了各種常見的方法，像是使用紙袋吸吐氣等，但沒有一個方法奏效。

持續打嗝六天六夜之後，B 先生又疲憊又害怕，因為他聽說打嗝會使人愈來愈虛弱，可能致命。

打嗝是橫膈膜突然抽動引起的現象，有時為了對付頑強的打嗝，醫師會阻斷橫膈膜的膈神經作為最後手段。但是，這表示患者再也無法使用橫膈膜呼吸，只能使用胸腔的肋間肌淺淺地呼吸。B 先生不能選擇這種方式，因為他有氣腫，不使用橫膈膜呼吸就會死。

我提議使用催眠，利凡和法因斯坦雖然抱持懷疑的態度，但也同意這樣做沒什麼不好。我們找來一位催眠師，他成功讓 B 先生進入催眠狀態。這讓我們很訝異，因為他打嗝打個不停，可以被催眠簡直是奇蹟。催眠師給了 B 先生一個催眠後的暗示：「當我彈手指時，你就會醒來，並且不再打嗝。」他讓疲累不堪的 B 先生多睡十分鐘，然後彈手指。B 先生醒了過來，看起來有點困惑，但卻沒再繼續打嗝。之後，打嗝的狀況也未再復發，B 先生受到冷凍療法很大的幫助，又多活了好幾年。

有好幾十萬人像 B 先生這樣，在一九一七到一九二七年肆虐全世界的昏睡性腦炎流行病期間倖存下來，卻在多年後出現各種腦炎後症候群。昏睡性腦炎會產生各種損傷，影響下視丘、基底神經節、中腦和腦幹，但卻讓大腦皮質大致保持完好。因此，這種疾病特別影響皮質下的調控機制，包括睡眠、性能力和食慾的調節、姿勢、平衡和動作，以及呼吸調節等腦幹層面的自律功能。這些調控機制很古老，大部分的脊椎動物都有。❶

許多曾經罹患腦炎的人後來會罹患極端的帕金森氏症，容易出現各種怪異的呼吸行為。這些行為在流行病剛結束後特別嚴重，但是隨著時間過去通常會消失。有好幾個地方甚至曾經爆發腦炎後打嗝的「疫情」。

昏睡性腦炎的患者也可能不由自主打噴嚏、咳嗽或打呵欠，或是出現陣發性大笑或哭泣的行為。就像羅伯特．普羅文 (Robert Provine) 在他的著作《為什麼屁股不說話？》所說的，這些行為雖然引人側目，但都是很正常的。然而，當這些行為變得嚴重、持續不斷，而且沒有任何顯而易見的成因時，就不正常了——這些患者的食道、橫膈膜、喉

❶ 胎兒在懷孕八週時就可能出現打嗝的行為，但是到了懷孕後期，這個狀況便會減少。打嗝似乎沒有什麼明顯的功用，有可能是一種殘留行為，或許是我們魚類祖先魚鰓運動的殘跡。腦幹出現特定損傷的病患會出現頸部、顎部和中耳肌肉的同步運動，也會讓人興起類似的想法。這些肌肉乍看之下互無關聯，但是它們其實全是魚類鰓部肌肉的殘遺。因此，神經學家便提出鰓部肌陣攣這個名詞。尼爾．蘇賓 (Neil Shubin) 在著作《我們的身體裡有一條魚》提出許多類似的解剖和功能方面的例子。

嚨或鼻孔並沒有受到刺激，也沒有什麼值得大笑或哭泣的事情。可是，他們卻會忍不住想要打嗝、咳嗽、打噴嚏、打呵欠、大笑或哭泣，原因可能是腦部受到的損傷刺激或釋放了這些行為，導致這些行為以不得體的方式自動發生。❷

到了一九三五年，大部分的腦炎後患者都已陷入全面的僵直症或重度帕金森氏症，他們怪異的呼吸道異常幾乎完全消失。

三十年後，我在布隆克斯的貝絲亞伯拉罕醫院治療一些八十幾歲的腦炎後患者，雖然他們大部分患有帕金森氏症和睡眠障礙，但是沒有人出現早期文獻所提到的顯著呼吸道失調。然而，當我在一九六九年給他們使用左多巴之後，許多人開始出現呼吸道和聲帶方面的抽搐，包括突然深呼吸、打呵欠、咳嗽、嘆氣、咕噥和吸鼻子等行為。

我問了每一位患者，他們過去是否經歷過這樣的呼吸道症狀。大部分的人都無法給我明確的答案，但是有一個聰穎且很會表達的女性法蘭西絲．D卻說，她從一九一九年

❷這可能類似多發性硬化症、漸凍症、阿茲海默症、中風之後或者會出現怪哭或怪笑癲癇發作的患者，有時候會發生的「強迫性」大笑或哭泣。

（她罹患昏睡性腦炎的那一年）到一九二四年間確實發生過呼吸道狀況，但是之後就沒有了。以她的例子來說，左多巴很可能啟動或釋放了原先就存在的呼吸道失調傾向，而我不得不猜想其他出現呼吸道症狀的患者是否也是如此。

我想起那位打嗝打個不停的咖啡商B先生。他會不會也是呼吸道調節機制曾經受損，變得過度敏感，所以基底神經節手術出現損傷後，釋放了敏感的系統？

長期使用左多巴似乎會引起各種呼吸道和聲帶問題，除了咕噥和咳嗽，還會發出呼呼聲、哼氣聲、嘶嘶聲、口哨聲、汪汪聲、咩咩聲、哞哞聲、嗡嗡聲和唧唧聲。我在《睡人》裡面提到，有一個名叫羅蘭多．O的病患吐氣時都會發出某種「有點像喃喃自語、又有點像貓呼嚕的聲音，聽起來蠻舒服的，好似遠方的鋸木聲、蜜蜂群聚聲或獅子飽餐一頓後心滿意足發出的聲音」。史密斯．伊利．傑利夫（Smith Ely Jelliffe）在一九二〇年代疫情達到高峰時，曾寫到這些腦炎後患者發出的「動物園噪音」。現在，貝絲亞伯拉罕醫院住了一整區受到左多巴刺激的病患，訪客有時的確會嚇一跳，以為醫院五樓真的有一座動物園。

好幾位病患會出現更複雜的行為。例如，法蘭克．G原本的嗡嗡聲後來演變成「冷靜、冷靜」這句話，一天要講好幾百次；有些病患則會結合吟誦聲，將抽搐行為添加節

奏和韻律，夾雜一個單詞或片語。❸

有一次，我在深夜巡視腦炎後患者的病房時，聽見一間四人房傳來奇特的聲音，好似合唱。我進去查看，發現四名病患都在睡夢中唱歌，歌聲沉悶、內容反覆，是類似誦經一般的旋律，四人聲音同步一致、彼此協調。夢遊或在睡夢中講話唱歌等行為，在昏睡性腦炎患者身上並不罕見，但令我吃驚的是，這四位沉睡中的歌者竟然會互相協調。我心想，這一切的肇端有可能是蘿莎莉．B這位非常愛唱歌的女士，之後她的行為才傳染給另外三位睡著的病患。

受到左多巴啟動或釋放的不自主行為有非常多種，基本上每一種皮質下功能都有可能不受控制，自動且隨性地發生，其他病患若看見或聽見彼此，也會不由自主地模仿和仿效，放大整個效果。

❸ 在《腦袋裝了2000齣歌劇的人》裡面，我提到一位遲發性運動障礙患者也有類似的演進，他原本的吐氣／聲帶型抽搐演變成念經似的行為（第十七章〈不解之緣〉）。

法蘭西絲．D 使用左多巴不到十天，正常的呼吸自動調節便出現問題，導致她的呼吸變得又急又淺，沒有規律，並有突然猛力吸氣的狀況。不到幾天，她開始出現明顯的呼吸道危機，而且這些事件會毫無預警地發生。首先，她會突然深吸一口氣，接著強迫憋氣十到十五秒，最後劇烈吐氣。發作的程度愈來愈強，可以持續將近一分鐘。期間，法蘭西絲會拼命想從緊閉的聲門排出空氣，整張臉因充血漲成紫紅色，卻仍徒勞無功。最後，氣體會以極大的力量排出，發出堪比槍擊聲的聲音。我在法蘭西絲的室友瑪莎身上也觀察到類似的傾向，她會呼吸急促、喘不過氣，最後演變成嚴重的呼吸道危機。這些女性的症狀實在太相似，使我忍不住納悶她們其中一人是不是在「模仿」另外一人。當那間四人房出現第三個病患，蜜莉安也開始有愈來愈嚴重的呼吸道失調時，更強化了我的想法：

（我注意到的）第一個症狀是打嗝，每天早上六點三十分都會發作，持續一個小時……她會開始出現「神經興奮」的咳嗽和清喉嚨行為，反覆覺得有東西卡著或搔著她的喉嚨……（接著）大力吸氣和憋氣開始「取代」清喉嚨和咳嗽……最後，她會出現跟 D 小姐的狀況十分相像的嚴重呼吸困難。

另一位病患莉莉安．W 至少有一百種明顯不同的發作型態，包括：打嗝、喘氣、眼球轉動、吸鼻子、盜汗、牙齒顫抖、左肩突然變溫熱、突發的抽搐等。她會出現一些固定反覆的動作，像是用腳點三個不同的位置、用手碰額頭上四個固定的地方、數數字、將特定詞句固定說幾遍、恐懼發作、傻笑發作等。只要跟莉莉安說到某個發作型態，就一定會使她發作。她非常容易被旁人的話影響，尤其是在眼球轉動發作期間。

這些怪異的行為常常不只會持續很久一段時間，還會增強和傳播，彷彿大腦變得敏化、受到制約，被這些反常的行為給征服。這些行為好像擁有自己的生命，開始了就非得要完成一個循環，很難靠意志力中斷。它們跟脊椎動物行為的起源以及脊椎動物大腦的古老核心部位——腦幹——有關。

跟羅威爾一起旅行

我在一九八六年結識了年輕的攝影記者羅威爾．韓德勒 (Lowell Handler)，他告訴我他有妥瑞氏症，正在實驗使用頻閃攝影術拍攝其他妥瑞氏症患者。他說，他常常能拍到拍攝對象正在抽搐的畫面。我很喜歡他的作品，於是我們決定一起旅行，到世界各地認識其他的妥瑞氏症病友，記錄他們的生活和他們適應這個怪異神經症狀的方式。

「抽搐」一詞用在妥瑞氏症時，涵蓋了各種怪異、反覆、受到歧見、難以克制的行為。最單純的抽搐可能包含抽動、眨眼、擠眉弄眼、聳肩或吸鼻子。有些抽搐則比這些繁複許多。例如，羅威爾對我的復古懷錶很有興趣，總是會難以抗拒地輕敲錶面三下。有一次，我故意在他伸手想碰懷錶時拿走懷錶，藏進口袋，他因為無法滿足自己的強迫症而變得相當狂躁，使我不得不取出懷錶，讓他滿足需求。

大部分的抽搐本來是沒有任何「意義」的，比較像是不自主的肌肉抽動 (所謂的肌痙攣)，但是有些抽搐後來可能會被複雜化或賦予意義。儘管如此，妥瑞氏症的許多抽搐和強迫行為，似乎常常在測試社會可接受或身體可做到的極限。

妥瑞氏症患者對不由自主或強迫的行為具有一定程度的自主掌控。例如，會做出揍人抽搐行為的患者可以讓拳頭停在離對方的臉只有幾公釐的地方。但是，妥瑞兒對待自己可能就沒那麼小心謹慎。我認識兩個妥瑞兒，他們會做出臉朝下撲倒在地的行為；還有一些妥瑞兒會大力毆擊自己的胸腔和頭部，導致骨頭碎裂或腦震盪。

口語抽搐（尤其是脫口而出的髒話或咒罵）在妥瑞兒身上相對罕見，但這些行為有可能嚴重冒犯他人，因此患者便會讓意志介入，緩解冒犯人的話。例如，常常想要衝動大喊「黑鬼！」（"Nigger!"）的史蒂夫．B會在最後一刻把這句話改成「五分和十分硬幣！」（"Nickels and dimes!"）

妥瑞氏症的行為常常跟妥瑞兒「本人」完全不相符。例如，我第一次見到總是難以克制做出吐口水行為的安迪．J時，他把我手中的寫字夾板打掉，然後指著太太大喊：「她是妓女，我是皮條客。」可是，他其實是個相當溫和沉著的年輕人，對太太相當溫柔深情。

又有時候，妥瑞氏症似乎會帶來特殊的創造能量。十八世紀的偉大文人山繆．詹森(Samuel Johnson)幾乎可以肯定患有妥瑞氏症。他有很多強迫行為或儀式習慣，例如進到一棟房子前，他會在門口轉來轉去或做手勢，然後突然跳起來，接著大步跨過門檻。他也會發出各種怪聲、喃喃自語、不由自主模仿他人。我們很容易把他的隨性特質、古怪動作和敏捷智力跟他急速的運動強迫狀態聯想在一起。

我跟羅威爾一起到多倫多拜訪夏恩．F這位藝術家，他雖然有嚴重的抽搐和強迫行為，使得日常生活充滿挑戰和起伏，但他仍創作了許多令人驚嘆的美麗畫作和雕塑。

從第一眼就能明顯看出，夏恩跟羅威爾的妥瑞氏症很不一樣。他總是動個不停，不斷地探索，周遭的人事物全部都會被他觀看、碰觸、翻動、戳刺、仔細檢視、嗅聞。這是他認識周遭世界一種難以克制卻又調皮好玩的方式。他的感官似乎高度敏銳，什麼都能注意到，也能聽見五十公尺外的耳語。他會往前跑幾十公尺，然後再跑回來，途中可能極其靈活地鑽過別人的雙腿。他還有一種毫無章法的幽默感，常常即興說出多重意涵的雙關和笑話。

夏恩的妥瑞氏症特別強烈，但他不吃可以抑制這些抽搐和怪聲的藥物。對他來說，這些藥物要他付出的代價太大了，因為他覺得自己的創造力也會被抑制。

有一天，我們三人沿著多倫多的一條大道散步，期間夏恩不時會突然衝刺或跪下來聞或舔柏油路。那是個非常美好的晴天，我們經過一間露天咖啡廳，看見在路旁的一張桌子，有個年輕女子正要吃一個看起來很美味的漢堡。我跟羅威爾都開始分泌口水，但夏恩卻直接做出行動，快速衝上前，在女子還沒咬下漢堡前咬了一大口漢堡。

那名女子和她的同伴嚇呆了，但是她接著便笑了起來。她看到夏恩怪異舉動詼諧的那一面，原本可能觸犯他人的事件就這樣平安落幕。夏恩這些突如其來的舉動不見得都有這麼快樂的結局，因為這些行為經常超出社會所能容忍的範圍。他常被人投以異樣的眼光，不尋常的行徑也多次引起警察或路人的凶狠反應。他不間斷的抽搐和強迫行為，有時候也讓他和他身邊的人疲憊不堪。

我和羅威爾旅行到阿姆斯特丹，受邀出席一個收視率很高的電視節目。我十幾歲時就愛上了荷蘭，除了這個地方本身，我也很喜歡荷蘭人打從林布蘭 (Rembrandt van Rijn) 和史賓諾沙 (Baruch Spinoza) 的時代就一直擁有的知識、道德和創意自由。我第一次去荷蘭時，就驚訝地發現當地的紙幣面額除了用印刷的，還有使用點字顯示。

我很好奇，荷蘭人會怎麼看待妥瑞氏症？他們自由獨立的思想是否會減輕妥瑞兒可能激起的驚嚇、恐懼與憤怒？

電視訪問前一天，我們在阿姆斯特丹四處漫步。我跟在羅威爾身後幾公尺，以便觀察人們對他突如其來的奇怪動作和聲音所做出的反應。人們經過我們時，臉上露出明顯的反應，有的覺得好笑，有的不太舒服，還有幾個人很不滿。

顯然，很多人都看到了隔天的電視訪問，因為我們再隔一天出門時，觀察到截然不同的反應。有人對我們微笑，有人好奇看著我們，還有人友善地打招呼，似乎已經認得羅威爾，並對妥瑞氏症有些認識。這令我們深切體會到，教育大眾和改變大眾認知是非常重要的事，而且這件事可以透過一集電視節目在一夜之間完成。

那天晚上，我們到一間酒吧放鬆，有人給我們一些大麻，我們便到外面抽。我們在這座城市隨意閒晃數小時，觀看教堂、運河上的倒影、商店櫥窗和路人。羅威爾隨身帶著相機，覺得自己拍到了這輩子最棒的照片。稍晚，我們回去飯店後，老教堂的鐘聲開始響起，我感到欣喜若狂，彷彿宇宙的一切都是對的，這是所有可能存在的世界當中最棒的版本。

隔天吃早餐時，羅威爾就沒那麼開心了，因為他發現自己在吸大麻恍恍惚惚的愉悅狀態下，忘了把底片裝在相機裡，因此他以為自己拍到了一輩子最優秀的作品，其實根本沒拍到。

我們在鹿特丹跟一位卓越的荷蘭精神科醫師班．范德威特林（Ben van de Wetering）碰面，他經營一間專門治療妥瑞氏症患者的診所，在當時相當少見。他向我們介紹他的其中兩位病人，其中一位是個很有德國人氣質的年輕人，穿著和儀態非常正式。他說他痛恨自己的妥瑞氏症，因為那會招來他不想要的目光。他說：「這個病一點用處也沒有！」他總是盡可能壓抑或轉化自己的穢言髒話，所以每當「幹！」（"Fuck!"）這個字快要脫口而出時，他都得奮力把它變成「真可怕！」（"Frightful!"）事實上，這吸引到的目光應該比「幹」還多。由於白天受到壓抑，他的症狀到了夜晚會展開報復，趁他睡覺時從他口中冒出一連串髒話。

另一位患者是個年輕女性，她因為害羞或害怕，不敢在公開場合表現自己的症狀，但羅威爾生氣蓬勃的妥瑞氏症「解放」了她（這是她使用的詞彙）。之後，她便讓自己跟他一起表現症狀，兩人一起做出各種驚人的抽搐動作和聲音。她告訴我：「妥瑞氏症帶有一種原始的野性，我不管察覺到、想到或感受到什麼東西，都會立刻轉變成動作和聲音。」她很享受這條湍急的溪流，感覺這「就像人生」，但她也坦承這在社交場合會造成很多困擾。

妥瑞氏症帶來的影響從來不只侷限在當事人身上，而是會擴及和牽涉到他人與他人的反應（通常是不認可、有時是暴力的反應）；這些會反過來施加壓力給妥瑞氏症患者。我們無法單獨研究或理解妥瑞氏症，把它只當成得到這種病的人身上的「症候群」，因為它一定會帶來社會影響，並漸漸納入或結合這些影響。因此，妥瑞氏症其實是患者和他的世界不斷協商後的結果，這些協調有時是幽默、良性的，有時則充滿衝突、痛苦、焦慮和憤怒。

隔年，我和羅威爾在全美各地進行一趟公路之旅，拜訪十幾位願意跟我們見面的妥瑞兒。

坐在開車的羅威爾旁邊穿梭在鳳凰城郊外，是一個很特殊的體驗，因為他會突然踩煞車或加速器，或是把方向盤猛地轉向一邊。但是，開到空曠的大路上後，抽搐不已、不由自主、趨近瘋狂的羅威爾會變得安靜下來，專注無比。他會冷靜地坐著，眼睛盯著前方那條宛如一支箭穿過亞利桑那中部沙漠的漫漫長路。他把車速控制在每小時六十五英里，絕不偏離這個速度。

我們在開了三小時的車之後，需要伸展一下四肢。我對羅威爾說：「如果你在這裡下車，走在仙人掌之間，你會抽搐嗎？」

他說：「不會，那樣做有什麼意義？」

羅威爾具有強烈的強迫碰觸行為，身邊有人就一定得碰碰他們。他通常都很溫柔，會用一隻手或一隻腳觸摸。那幾乎就像一種動物的本能，好比說馬兒用頭輕輕撞一個人撒嬌。人們被觸碰後要做出反應（無論是正面、負面或中立），才會使這一回合完成。可是，植物不會做出反應。

這令我想起一個年輕的越南籍妥瑞氏症患者。他在故鄉曾有罵髒話的症狀，但是搬到舊金山後，因為很少人懂越南語，所以他就不再用越南語咒罵了。他跟羅威爾說的一樣：「那樣做有什麼意義？」

有些妥瑞兒會被突兀的觸覺或視覺外觀吸引，像是皺褶、歪斜、怪異的不對稱造型或形狀。例如，有一個罹患妥瑞氏症的木雕師傅，就喜歡在作品中放入突兀的不對稱元素，把一張椅子「雕塑成抽搐或尖叫」。羅威爾時常用各種排列組合反覆說出奇怪的字詞或聲音，正是這種怪本身會吸引和滿足他的耳朵。有一天吃早餐時，燕麥片讓他興奮起來，他把“oatmeal”說成“oakmeal”，然後不斷重複地說“oakmeal”、“oakmeal”，過了一陣子後，突然大喊“Kkkmmm-!.”另一次，“lobster”（龍蝦）這個字引起他的注意，他便

反覆說 "lobbsster"、"lobbsster"，接著又說 "mobbsster"、"slobbsster"，最後表示：「我好喜歡 "bbsstt" 的聲音和樣子。」

他說：「不斷重複同樣的字使我非常歡欣，這跟我的強迫碰觸行為一樣為我帶來相同的滿足感——像是我會不由自主地觸碰你的懷錶的玻璃，體會指甲敲在上面的感覺，因它帶來不同的感官體驗而愉悅。」

飢餓可能使妥瑞氏症的行為變本加厲。例如，我們從鳳凰城直接開到土桑，中間都沒停下來吃東西，便導致羅威爾出現極為激烈的抽搐，因此我們走進一間餐廳時，每個人都看向他。我們在一張桌子旁坐下來，羅威爾說：「我要做一個實驗，請你接下來十五分鐘都不要吵我。」他閉上眼睛，開始有節奏地深呼吸。不到三十秒，抽搐的狀況減緩了；一分鐘後，抽搐完全消失了。一位服務生走過來（他在我們走進來時，有注意到羅威爾激烈的動作），我把手指放在嘴唇上，揮手請他離開。剛剛好十五分鐘過後，羅威爾張開眼睛，看起來非常放鬆，幾乎沒有任何抽搐。我簡直不敢相信，還以為這種轉變在生理上是不可能辦到的。

我問羅威爾：「怎麼回事？你做了什麼？」他說他去學了超驗冥想，用來解決在公共場合難以控制的抽搐行為。他解釋道：「這其實就是自我催眠，只要選一個簡單的字

詞在腦海裡不斷緩慢重複，很快就會進入出神的狀態，忘卻周遭的一切。這能使我平靜下來。」那天晚上，他幾乎都沒有再抽搐。❶

羅威爾聯繫了亞利桑那州一對患有妥瑞氏症的同卵雙胞胎。起初，兩個男孩同時出現了妥瑞氏症的症狀，會突如其來模仿寵物鸚鵡尖叫。之後，他們也同步發展出聳肩、皺鼻、發出卡嚓聲等行為，隨後又出現四肢和上半身複雜的抽搐和扭曲動作。兩人的動作相似，但不是一模一樣，一個可能會眨眼，另一個則猛力吸氣。但是，除非仔細分析，否則他們兩個的行為看起來沒什麼不同。我十分好奇，這個狀況是遺傳的，還是他們模仿彼此的結果？

我們在紐奧良跟一名年輕男子碰面，他有好幾種抽搐症狀，並有一些沉迷的事物和強迫行為（這樣的組合並不少見）。他之前曾經在南達科他州的一個飛彈發射井工作，但是這個工作讓他非常恐懼，因為他經常有玩弄開關按鈕的衝動，所以他老是擔心自己會不小心發射飛彈，引發核武大戰。那份工作薪水不錯，同事也都十分友善，但那種揮之

❶ 還有一次，我們來到一間擺滿時鐘的商店。羅威爾看見所有的鐘擺一起左右擺動，驚恐地說：「我們不能待在這裡，我會被催眠。」

不去的危機感雖然很刺激，最後還是令他無法承受，於是他決定辭職，換一個壓力比較小的工作。

來到亞特蘭大，我們認識了卡拉和克勞蒂亞，她們也是同卵雙胞胎，跟夏恩一樣擁有那種異想天開的妥瑞氏症型態（我有時把這想成「超級」妥瑞氏症）。她們二十出頭，是兩個很棒、逗趣又聰明的年輕女性，但因為總是吼叫個不停，所以聲音十分沙啞。她們也有很多動作方面的抽搐，但她們怪異的衝動和奇想是透過她們的口真正爆發出來。

跟卡拉和克勞蒂亞一起坐車很累人，因為每次轉彎，一個會喊「右轉！」另一個卻喊「左轉！」她們告訴我們，她們曾因為在電影院一起大喊「火災！」而造成暴動，也曾經在海灘上大叫「鯊魚！」導致所有人鳥獸散。她們會從房間窗戶以震耳欲聾的音量喊叫，「黑人和白人女同志！」是其中一句，另一句更讓人不舒服的話則是「我爸在強姦我！」雖然她們的鄰居全都知道她們會瘋狂亂叫，她們的爸爸卻從來習慣不了，總是因為她們大喊「強姦！」而痛苦不已。

我們短暫、七零八落的美國之旅，就在這麼極端的案例之中畫下句點，或許有點遺憾，但是這樣的案例將停留在腦海裡，而且正是因為極端，所以能帶來很大的啟發。

我跟羅威爾到全美各地跟十幾位妥瑞兒和他們的家人見面，看到的妥瑞氏症類型比在醫院所能看到的還要多，也比普通的神經科醫師所能見到的多上許多。既然有那麼誇張的妥瑞氏症型態，就有輕微到臨床不會注意到的類型，因為妥瑞氏症就跟自閉症一樣是以光譜呈現。患者可能有非常複雜卻輕微的妥瑞氏症，也可能有非常單純卻嚴重的妥瑞氏症。除此之外，同一個人的妥瑞氏症可能會有強度和型態的變化，例如可能出現數個月或數年症狀相對減輕的時期，但也可能持續嚴重惡化數個月或數年的時間。

羅威爾聽說，加拿大很北邊有一個幾乎像是神話般的地方，整個社區的居民都是妥瑞兒。他們是一個信奉門諾派的大家族，妥瑞氏症至少延續了六個世代（羅威爾把那裡稱作妥瑞村）。在這個抽搐和吼叫的行為一點也不奇怪、反而像是一種家族傳統的大家族裡生活，是什麼感覺呢？在這樣一個孤立的宗教團體中，妥瑞氏症會如何影響道德或宗教信仰，又會如何被這些思想影響？我們決定親自到當地拜訪，找出答案。

我們在距離克雷特最近的機場（其實就只是樹林裡的一條降落跑道）租了一輛破爛吵雜的車，其擋風玻璃因為粗糙的路面早已出現裂痕。我們出發前往七十英里外的克雷特，我感覺城市的壓力慢慢離開我，同時也觀察到羅威爾妥瑞氏症發作的強度變小，受到美麗、平靜、偏遠的鄉村所緩和。抵達克雷特村莊時，我們經過一對在路邊賣西瓜的門諾派夫婦。我們停下來跟他們買一顆，順便聊了兩句。他們來自英屬哥倫比亞，從一個迷你社區來到另一個迷你社區，因為整個西北地區的門諾派團體，有一個半宗教、半商業的低調網絡。

這些門諾派教徒是德國和低地國一個更大的團體的後裔，先是到烏克蘭，後來到加拿大尋求宗教自由。他們堅守傳統的農業生活方式，貼近土地和家庭，過著沒有暴力的純樸日子，稍微抽離外面的廣大世界。

在人口七百人的克雷特，門諾派的五大分支都各有自己的教堂。這個教派有很多不同的做法和思想，其中最嚴格的是舊殖民地門諾派，他們不相信世俗的教育和生活方式(但就連他們也沒有像一六九〇年代分離出去的阿米什人那樣，完全與世隔絕)。這些保守的村民一律穿著嚴肅的黑色服裝，女性需戴頭巾。不過，鎮上的其他人則穿牛仔褲和襯衫。這裡很簡樸實在，帶有一種靜謐感。

靜謐感在我們來到大衛．簡真 (David Janzen) 的家之後消失無蹤。大衛是這裡最顯著的妥瑞兒，羅威爾安排我們跟他見面。大衛衝出來迎接我們，一邊尖叫一邊抽搐。他發出的噪音非常刺耳驚人，似乎驚動了他整個身體，也打亂了克雷特祥和的表象。他開朗的妥瑞氏症激發了羅威爾，兩個人互相擁抱，一起抽搐怪叫，既叫人動容，又荒誕可笑，讓我聯想到兩隻狗相遇時流露的興奮之情。

現在四十出頭的大衛從八歲時就開始出現各種抽搐行為。這並不令人意外，因為他的母親和兩個姊姊也有，數十位表兄弟姊妹和更遠房的親戚亦然。他們被暱稱為「躁動族」，人們都說簡真一家人「坐立不安」或「緊張兮兮」。

跟大衛同輩的一個親戚說：「祖母總是在眨眼或咂嘴，要不就是發出怪聲或擠眉弄眼之類的，這很稀鬆平常，大家都這樣。」

大衛真正的困擾從十五歲出現，因為他開始會大喊「幹！」這個字。克雷特的妥瑞兒不常說出髒話或不敬的字詞。跟躁動的行為不一樣，咒罵會讓人聯想到野蠻人或魔鬼吐出的惡毒話語。大衛的強迫行為愈來愈多，他有時會有自殘或摔東西的衝動。他會對自己說：「魔鬼！你為什麼不離開我、不要煩我？」

他開始把自己封閉起來。他說：「當我詛咒發作時，我基本上都待在家。我大概有一年的時間不跟人說話。那時候，我通常會進去我的房間，哭到睡著。」

大衛的父母試著理解他，但是就連他們也很困惑。他們認為他的怪病除了跟生理有關，也跟道德有關，感覺大衛似乎被某種外在力量控制，但也覺得是他「允許」自己罵髒話，他自己也開始相信是他的意志太薄弱。克雷特的某些居民看法更簡單，認為大衛是神發怒處罰的對象。有一個村民說，當時人們感覺「簡真一家人很怪，尤其是大衛。神一定是基於某個原因在懲罰這家人」。

大衛在二十出頭結婚生子，但是他的困擾仍持續著。他經常會有用力喘氣或憋氣的衝動，這些在妥瑞兒身上並不少見的呼吸道抽搐行為使他疲憊不堪。他回想：「我因為非常努力壓抑這些衝動，所以常常很累，尤其是開車時。」他曾經開著貨車往返高地(High Level)和黑河(Hay River)兩地，途中必須奮力抵抗想要突然踩煞車、加速或轉向的衝動。有時，大衛在抽搐發生時會傷到自己。他給我看左膝一道長長的白色疤痕，說：「有一次我在操作鏈鋸時，鋸到自己的腳。現在我知道我當時的動作是妥瑞氏症的抽搐。」

大衛非常喜歡辛勤的務農工作，非常喜歡跟牛和馬相處，但是常常遇到困難，因為他的抽搐動作會驚嚇到動物，讓牠們不敢靠近。到了三十歲，他不得不放棄工作，但是靠救濟金生活使他愈來愈消沉。終於，三十八歲時，大衛的人生面臨危機。「我感覺我非得找到答案不可，否則我沒辦法繼續過下去。」

當地的醫師告訴他，他有可能罹患杭丁頓氏舞蹈症(Huntington's disense)這種可怕致命的疾病。艾德蒙吞的醫師則說他可能有肌陣攣，才會導致肌肉突然收縮。最後，大衛被轉介給紐約羅徹斯特大學專精運動失調的神經科醫師羅傑．柯蘭 (Roger Kurlan)。

柯蘭看了大衛一眼便說：「你得的是妥瑞氏症。」大衛從來沒聽說過這種疾病。柯蘭向他敘述妥瑞氏症會出現的抽搐和強迫行為，使大衛鬆了一大口氣。他說：「我開心到想跳起來。這讓自己受到詛咒的可怕感受完全消失了。原來，我沒有受到魔鬼的控制——那是我最擔心的狀況——也沒有得到致命疾病。我得到的只是一個單純的疾病，這種病甚至還有名字。而且還是很好聽的名字，我一直反覆念那個字。」

但是，有一點令大衛很困惑。他問柯蘭：「你說這很不尋常，這不會出現家族遺傳嗎？」

醫師說：「我很少看見家族遺傳。」

大衛有點驚訝地說：「可是，我認識的每個人幾乎都有妥瑞氏症。我是說我的家人，包括我的母親和兩個姊姊。」他拿出一枝鉛筆，在紙上畫出家族系譜，指出十幾個也患有妥瑞氏症的近親。

我在四年後跟柯蘭談話時，他告訴我那是他整個從醫師涯最震驚的一刻。他從來沒想過這個病會有這麼強烈的遺傳傾向。他不可置信地造訪了克雷特，在村子裡日日夜夜探索了一個星期，訪問六十九位簡真家族的成員。柯蘭告訴他們，他們得到的既不是什麼嚴重的器質病，也不是什麼詛咒，而是一種不會愈來愈嚴重、很可能是由基因決定的神經系統失調。

這個科學解釋雖然讓居民放心不少，也引起很大的討論，卻沒有完全取代宗教的觀點。克雷特的居民仍將妥瑞氏症視為神操控的結果。然而，他們完全接受這個詞，因此「妥瑞」現在在克雷特被當成動詞，用來描述怪異的行為。十九世紀發現這個症候群的法國神經科醫師喬治．吉勒．德拉妥瑞 (Georges Gilles de la Tourette) 假如發現自己的名字在距離巴黎四千英里的偏遠農村如此出名（甚至變成一種流通用語），肯定會很驚訝。

正統派猶太人看見不尋常的事物，會說句祝福語，感謝神創造出如此多樣的世界，也感謝不尋常事物的奧妙。在我看來，這就是克雷特的居民對他們之中的妥瑞兒所抱持的態度。他們不把妥瑞氏症視為討人厭或不重要的東西，也不會對這種病做出什麼反應或加以忽視，而是將它看作極不尋常、十分奧妙的事物，證實天意是充滿神祕的。

妥瑞兒因為擁有各種衝動和咒罵的行為，可能會覺得自己格格不入，被一種身邊沒有任何人得到或完全理解的怪病選上。因為這種病，很多妥瑞兒在小時候沒有人願意接近，或因此受到懲罰，長大後則被禁止進入餐廳或其他公共場所。羅威爾多年來一直面對這樣的遭遇，所以對他來說，克雷特很美好，讓他第一次沒有招引到負面的目光。一部分的他愛上了克雷特，因此他還幻想自己娶一個人很好的門諾派妥瑞兒，從此以後一起在那裡過著幸福快樂的日子。我們離開後，羅威爾說：「我感受得到紐約的魅力，但我也感受到在一個像妥瑞村這樣的地方跟親朋好友度過一生的魅力。但是，我只是個過客，雖然是非常受到喜愛的過客，卻終究還是個過客。我只有在短短的時間裡，曾經屬於他們那個世界的一分子。」

慾望

和藹可親、活潑外向的華特．B在二〇〇六年四十九歲時前來見我。他十幾歲時頭部受傷，之後就開始出現癲癇。起初，他的癲癇發作是以既視感的形式出現，一天可能發生數十次。有時，他會聽見音樂聲，但是別人都沒聽到。他完全不知道自己怎麼了，但因為害怕被嘲弄或更糟的情況，所以都把這些奇怪的經歷藏在心裡。

最後，他終於去看了醫師，醫師判斷他有顳葉癲癇，並開始給他吃癲癇藥。可是，他的癲癇（大發作型和顳葉癲癇兩種）發作的次數愈來愈頻繁。嘗試了不同的癲癇藥十年之後，華特又看了另一位專門治療「頑固型」癲癇的神經科醫師，他建議採取更激烈的手段，那就是動手術移除右顳葉的癲癇病灶。那稍稍有所幫助，但是幾年後，他又必須動第二次較龐大的手術。第二次手術搭配藥物雖然更有效地控制發作的狀況，但卻馬上帶來另一些棘手的問題。

本來食量適中的華特變得胃口大開。他的太太後來告訴我：「他開始變胖，六個月內褲子就換了三個尺寸。他的食慾完全失控，他會半夜起來，吃掉一整袋餅乾或一塊乳酪跟一大盒脆餅。」

華特說：「我看到什麼就想吃。如果你把一輛車放在餐桌上，我也會吃掉。」他也變得非常易怒。他告訴我：

我在家裡會因為一些小事（沒有襪子穿、沒有裸麥麵包、自以為被批評等）暴怒好幾個小時。有一次下班開車回家途中，有一輛車在車道縮減時擠來我的車道，我加速攔截他，把車窗搖下來，對他比中指，然後開始吼叫，還用一個金屬咖啡杯砸他的車。他用手機報警，我被叫到路邊開罰單。

華特的注意力變得不是極為專注，就是極易分散。他說：「我變得非常容易分心，沒辦法開始或完成任何事。」然而，他也很容易「卡」在各種活動上，像是一次彈八、九個小時的鋼琴。

更令人擔憂的一點是，他的性慾變得難以滿足。他的妻子說：「他一天到晚都想做愛。」

他從一個非常有同理心和溫暖的伴侶，變成單純只想「做」。他不記得自己才剛親熱……手術後，他一直想做愛……一天至少五、六次。他也不進行前戲了，總是想直接切入正題。

滿足感持續的時間很短暫，高潮後不到幾秒鐘，他就又想進行性交。當他的妻子筋疲力盡之後，他便轉向其他管道。從前，華特一向是個專情又善解人意的丈夫，但是現在，他在性愛方面的慾望和衝動超出了過去跟太太享受的單一異性伴侶關係。

在道德上，他絕對不會想把自己的性慾強加在任何男人、女人或孩童身上，所以他認為在網路觀看色情片是傷害最小的解決辦法——這能帶來某種釋放和滿足，雖然一切僅止於幻想。他在妻子睡覺時，花無數時間在電腦螢幕前手淫。

他開始觀看成人色情片之後，很多網站開始招攬他購買和下載兒童色情片，而他真的這麼做了。他也對其他類型的性刺激有了好奇心，例如跟男人、動物和物品性交。❶

---

❶ 當大腦中的多巴胺因為多種可能狀況而變得濃度太高，便有可能出現這種「多相變態」（佛洛伊德使用的詞彙）。我有一些被左多巴「喚醒」的腦炎後病患曾出現這種情形，這也跟妥瑞氏症或是長期服用安非他命或古柯鹼有關。

這些跟他原先的性愛傾向截然不同的衝動讓他感到非常驚嚇羞愧，但他還是難以克制。他仍然會去上班、參加社交活動、跟朋友吃飯或看電影等。在這些時候，他能夠控制自己的衝動，可是到了晚上獨自一人時，他就會向慾望屈服。深感羞愧的他沒有告訴任何人他的困境，就這樣過了九年的雙重人生。

然後，不可避免的事發生了，聯邦探員來到華特家中，因他持有兒童色情片而將他逮捕。那是一次非常可怕的經歷，但也讓他鬆了口氣，因為他終於不用再躲藏或掩飾。他把這次事件稱作「走出陰影」。他的妻兒和醫師現在終於知道了他的祕密，醫師馬上讓他服用多種藥物，要削弱——實際上是徹底破壞——他的性衝動，使他從性慾無法滿足變成幾乎根本沒性慾。他的妻子告訴我，他的行為馬上「變回深情和富有同理心」。她說，那就像「有問題的開關被關掉了」——那個開關除了開和關，沒有任何中間選項。

華特從被逮捕到被起訴的這段期間，我跟他見過好幾次面。他表達出自己的擔憂，主要是害怕朋友、同事和鄰居的反應（「我以為他們會對我指指點點或丟雞蛋。」）。不過，他覺得法官不太可能會將他的行為視為犯罪，畢竟他有神經方面的問題。

在這一點，華特錯了。他被逮捕十五個月後，他的案件終於來到法庭，法官因為他下載兒童色情片將他起訴。檢察官堅持他所謂的神經問題只是個煙霧彈，跟他的行為毫無關聯。他主張，華特這一生都是變態，會對社會大眾造成危害，所以應該被判最多二十年的有期徒刑。

當初建議華特動顳葉手術、治療他將近二十年的那位神經科醫師以專家證人的身分出庭，我也寫了一封信上呈法院，說明他的腦部手術可能帶來的副作用。我們兩人都指出，華特罹患了十分罕見但完全受到承認的克魯爾－布西症候群（Klüver-Bucy syndrome），其症狀就是難以滿足的食慾和性慾，有時還會出現暴躁易怒和容易分心的情形，全都是生理因素所致（這個症候群最早於一八八〇年代在顳葉被切除的猴子身上發現，後來在人類身上也有出現）。

華特出現的「不是全有、就是全無」反應，是中央控制系統受損的典型表現，可能發生在使用左多巴的帕金森氏症患者身上❷。正常的控制系統會有中間狀態，以調控好

❷ 我在《睡人》提到的病患很多都出現這種情況，因為他們的腦部有各種驅動系統受到損害。李奧納德．L事後便說，在使用左多巴之前，他是個完全沒有性慾的「閹人」，但是使用左多巴之後，他卻出現極度貪婪的性慾。他建議醫院提供左多巴患者娼妓服務，但他的建議沒有被採納，於是他便不斷手淫，而且常常是在公開場合。

的方式做出反應，但華特的慾望卻總是呈現「打開」的狀態，鮮少有任何圓滿的感覺，只會不斷要求更多。他的醫師一察覺到這個問題，便透過藥物加以控制，雖然代價相當於「化學閹割」。

他的神經科醫師在法庭上強調，華特已經不再受到自己的性衝動所控制，並指出他其實從來沒有侵犯妻子以外的任何人。他也點出一件事，那就是在超過三十五起跟神經失調有關的戀童癖案件紀錄中，只有兩起遭到逮捕，並被指控做出犯罪行為。在呈交給法庭的信件中，我寫道：

B先生是一個絕頂聰明且……具有道德敏感度的人，曾經在無法抗拒的生理衝動驅使下做出反常的行為……他極為堅守單一伴侶關係……從他過往的歷史或現在的觀念構成中，沒有任何一點顯示他是戀童癖者。他對兒童或其他任何人都不會帶來威脅。

審判結束前，法官同意罹患克魯爾－布西症候群這件事不能責怪華特。但她也說，他沒有早點跟醫師說出自己的問題，讓醫師幫助他，而是做了對他人有害的行為這麼多年，這確實是他的錯。她強調，他的罪行並不是完全沒有受害者。

她判他二十六個月的有期徒刑，之後得居家監禁二十五個月，最後還要接受五年的監管。華特非常平靜地接受了判決。他還算順利地度過了監獄生活，受到的創傷相對來說很小。他善加利用在獄中的時間，不僅跟獄友組了樂團，還大量閱讀、書寫長信（他常寫信給我，講述他正在閱讀的神經科學書籍）。

在藥物的協助下，他的癲癇和克魯爾－布西症候群控制得很好，而他的妻子也全程陪著他走過關牢和居家監禁的時期。現在他自由了，他們已大致恢復原先的生活。他們仍會去多年前兩人結婚的教堂上禮拜，他在社區也十分活躍。

我最近看見他時，他顯然十分享受人生，對於自己不用再隱藏任何祕密感到如釋重負。他散發出非常自在的能量，是我之前在他身上從未感受到的。

他說：「我現在過得真的很好。」

災難

在二〇〇三年的七月，斯伯丁．格雷 (Spalding Gray) 前來會見我跟我的神經科同事歐林．德文斯基 (Orrin Devinsky)。斯伯丁是一位演員和作家，因為他那精彩的自傳式獨白而出名——這種藝術形式可以說是他發明的。他和妻子凱西．魯索 (Kathie Russo) 之所以聯繫我們，是想解決斯伯丁在兩年前頭部受傷之後開始出現的複雜狀況。

在二〇〇一年的六月，他們到愛爾蘭度假，慶祝斯伯丁的六十歲生日。某天晚上，他們開車在鄉村小路上時被一輛獸醫的貨車迎面撞上。開車的人是凱西，斯伯丁則跟另一名乘客一起坐在後座。斯伯丁沒有繫安全帶，頭部直接撞到凱西的後腦勺，兩個人都被撞昏。凱西受到一些燒傷和瘀青，但是沒有永久性的傷害。斯伯丁恢復意識後發現自己躺在地上，因右髖骨破裂而劇痛不已，旁邊是被撞爛的車子。他被送往當地的偏遠醫院，數天後轉到另一間較大的醫院，替髖骨打入骨釘。

他的臉瘀青腫脹，但是醫師只專注在他的髖骨骨折問題。又過了一個星期，腫脹消退後，凱西才注意到斯伯丁的右眼上方有個「凹洞」。這時，X 光顯示他的眼窩和頭顱呈現複雜性骨折，建議開刀。

斯伯丁和凱西回到紐約動手術，核磁共振顯示有一些骨頭碎片壓迫到他的右額葉，雖然醫師並沒有看到這個部位有什麼明顯的損傷。他把碎片清除乾淨，使用鈦板替換部分頭顱，並裝上引流管排出多餘血水。

他的髖部還是會痛，而且一隻腳雖然有固定，他卻再也無法正常走路（他的坐骨神經在車禍中受了傷）。但奇怪的是，在動手術、無法行走自如、得忍受疼痛的這幾個月，斯伯丁的心情似乎意外地好，他的太太認為他「好得不得了」，心情高昂。

在二〇〇一年勞動節的那個週末，也就是腦部手術的五個星期後，還拄著拐杖的斯伯丁在西雅圖向大群觀眾進行了兩場演出。他的狀態極佳。

接著，一個星期後，他的心理狀態突然出現重大轉變。斯伯丁陷入深沉、甚至可說是精神疾病的憂鬱。

現在，車禍發生兩年後，斯伯丁第一次來找我們。進入診療室時，他動作緩慢，小心舉起固定住的右腳，坐下之後，沒有做什麼動作或說任何話，無法移動、面無表情，使我相當吃驚。他完全沒有主動講話，回答我的問題時，答案都非常簡短，常常只有一個字。我和歐林的第一個想法是，這不是單純的憂鬱，甚至不是面對過去兩年的壓力和手術所做出的反應。在我看來，斯伯丁顯然也有神經方面的問題。

我鼓勵他用自己的方式說出他的經歷，但奇怪的是，他卻先從車禍的前幾個月開始講起，說那時他突然有一股「難以抑制的衝動」，想賣掉一家人在薩格港住了五年、他很喜愛的房子。他和凱西都同意家人需要更多空間，於是便在附近買了一棟房間更多、庭院更大的房子。然而，斯伯丁不願賣掉舊房子，因此他們準備前往愛爾蘭時仍住在裡面。

他告訴我，他在動了髖部手術、還住在愛爾蘭的醫院時，成交了舊房子的買賣。之後，他感覺「不像自己」，是巫婆、鬼魂、巫毒「命令」他賣掉房子的。

即便如此，斯伯丁在二〇〇一年夏天經歷車禍和手術之後，心情仍十分高昂。他感覺自己在事業方面充滿新點子，那次車禍、甚至那些手術都是很棒的素材，可以透過新的表演作品呈現出來，名稱就叫《被打斷的人生》(*Life Interrupted*)。

我很震驚，可能還感到有點不自在，因為斯伯丁竟然準備把那年夏天的可怕經歷用在創作上。不過，我也能夠理解這件事，因為我自己過去也曾毫不猶豫地將自己的困境當成素材寫進書裡。

沒有錯，藝術家經常會把自己的人生（有時還有他人的人生）當作素材，而斯伯丁是個非常特別的藝術家。他雖然時不時會在電視和電影中演出，但他真正的原創性卻是展現在他在舞臺上表演的那十幾齣受到高度讚揚的獨白。這些作品有一些被錄了起來，如《游到柬埔寨》(*Swimming to Combodia*)和《箱子裡的怪物》(*Monster in a Box*)。他的舞臺表演十分直白簡單，臺上只有他一個人，還有一張桌子、一杯水、一本筆記本和一支麥克風。他會馬上跟觀眾建立融洽的關係，述說大體上帶有自傳成分的故事。在這些表演中，他在生命中經歷的幽默和不幸事件——他時常面臨的荒誕處境——會被提高到充滿戲劇和敘事性質的層次。當我問到這一點時，斯伯丁告訴我他是一名「天生」的演員，從某方面來說，他這輩子都在「演戲」。他忍不住想，有時候他是不是會故意製造危機，以便獲得素材。這樣的模稜兩可令他有些擔憂。難道他賣掉房子這個行為是為了得到「素材」？

斯伯丁的獨白表演有一個特色（至少舞臺上是這樣），那就是他鮮少說出同樣的臺詞。同樣的故事總會透過不太一樣的方式講述，著重在不同的點。他很會創造事實，很會敘述當下那一刻在他看來是真實的任何事物。

他和家人預定在二〇〇一年九月十一日遷出舊房子。在那之前，斯伯丁已經極度懊悔自己把房子賣了，認為自己做了一個「災難」的決定。當凱西那天早上告訴他世界貿易中心被攻擊的事件時，他的反應幾乎是麻木的。

凱西說，在那之後，斯伯丁便一直陷在憂鬱、偏執、憤怒、愧疚的迴圈中，沒有什麼可以使他不去想房子的事，跟房子有關的畫面和對話在他的腦海裡不斷重播。其他一切對他來說似乎都是次要或不重要的。他原本熱愛閱讀寫作，現在卻覺得自己讀不下書也寫不出東西。

斯伯丁說，他過去二十多年來，一直偶爾會感到憂鬱，有些醫師認為他有躁鬱症。可是，這些情況雖然很嚴重，透過談話療法或有時使用鋰鹽治療就能有所改善。他覺得現在這個狀態不一樣，深度和頑固程度都前所未有。原本能夠興致一來就開開心心去做的事，他現在必須花費極大的意志力才做得到，像是騎腳踏車。他試著跟他人交談，尤其是他的孩子，卻發現難以做到。他十歲的兒子和十六歲的繼女很難過，感覺父親被「改造」了，「不再是他自己」。

在二〇〇二年的六月，斯伯丁到康乃狄克州一間叫「銀丘」的精神科醫院尋求協助，那裡的醫師給他吃有時候用來治療躁鬱症的帝拔癲(Depakote)，但是情況並未改善。斯伯丁愈來愈深信有某種無法抵抗的邪惡命運命令他將房子賣掉。

在二〇〇二年的九月，斯伯丁從帆船上跳入海中，打算把自己溺死（但他後來卻步了，緊抓著船不放）。幾天後，有人發現他在薩格港的橋上一邊走來走去，一邊看著水面，最後警察介入，凱西帶他回家。

沒多久後，斯伯丁住進上東區的佩恩．惠特尼精神病診所。在住院四個月的期間，他接受了二十多次電療，嘗試了各種藥物，但是這些都起不了作用，他的狀況似乎每況愈下。他出院後，朋友都感覺他發生了一件可怕、可能無法逆轉的事情。凱西認為他是個「破碎的人」。

在二〇〇三年的六月，斯伯丁和凱西希望弄清楚情況惡化的原因，因此到加州大學洛杉磯分校的萊斯尼克醫院進行神經精神檢測。他多項檢測的結果都很差，顯示「右額葉損傷典型的注意力與執行力缺失」。那裡的醫師告訴他，他可能會持續惡化，因為額葉受到車禍撞擊和骨頭碎片影響的地方出現了結疤。他們告訴他，他可能再也無法進行創作。凱西說，斯伯丁聽到這番話「意志遭到摧殘」。

斯伯丁在七月第一次來見我和歐林時，我問他除了賣房子的事之外，有沒有其他事情會讓他這樣一直想。他說有，他常常想起自己的母親跟他二十六歲以前的人生。他的母親從他十歲開始出現間歇性的精神病，並在他二十六歲時陷入自我折磨、懊悔不已的狀態，難以忘懷她的老家被賣掉的事。她無法忍受痛苦，最後選擇自殺。

他覺得自己正詭異地重演母親的遭遇。他可以感覺到自殺的吸引力，總是不斷想著這個念頭。他說，他後悔自己沒在加州大學洛杉磯分校的那間醫院自殺。我問他為什麼特別指明那裡？他說，因為有一天，有人在病房遺留一個大塑膠袋，自殺會很「容易」。但他最後因為念及妻兒而打消這個想法。然而，他說自殺的念頭每天還是會「像一顆黑色太陽」升起。他說過去兩年「非常陰暗」，並補充道：「自從那天，我就不曾笑過。」

現在，他的腳部分癱瘓，固定器只要用久一點就讓他不高興，導致他也無法透過運動發洩心情。他告訴我：「爬山、滑雪和跳舞曾經是幫助我心理維持穩定的一大因子。」他也覺得自己因為受傷和臉部的手術而毀了容貌。

他來見我們的一個星期前，鑽牛角尖想事情的狀況出現短暫、明顯的中斷。當時，他因為顱內的鈦板移位而必須動手術。他在全身麻醉的情形下進行了四個小時的手術。麻醉清醒後，斯伯丁大約有十二個小時的時間恢復成從前的自己，多話且充滿點子。他的鑽牛角尖和絕望無助消失了，他覺得自己知道該怎麼用過去兩年的經歷來創作獨白。可是，到了隔天，這短暫的興奮感和輕鬆感卻已不再。

我跟歐林討論斯伯丁的狀況，點出他一動也不動和不主動說話的怪異行為，認為他在麻醉後「恢復正常」會不會跟額葉受損造成的有機成分有關。他受傷的額葉似乎再也不給他任何轉圜的餘地，不是因為神經性缺鐵將他癱瘓，就是突然短暫地讓他陷入完全相反的狀態。是不是某種額葉的保護抑制功能因為車禍遭到破壞，導致先前受到壓抑的想法和念頭無法克制地湧入他的意識？

額葉是人腦中最複雜、最晚演化出來的部位之一，在過去兩百萬年來變大許多，使我們能夠寬廣地思考、進行反省、想到並記住許多概念和資訊、維持穩定的專注力、安排計畫並付諸實行等，這些都是因為額葉才有可能做到。

但是，額葉也會對巴夫洛夫 (Ivan Pavlov) 所說的「皮質下的盲力」(沒有加以限制就可能使我們無法招架的衝動和情緒）發揮抑制或約束的影響。猩猩和猴子跟小孩一樣，雖然擁有頗高的智力，也能進行事前規劃，卻因為額葉發育較不成熟，很容易去做腦子想到的第一件事，而不停下來思索。這種衝動在額葉受傷的患者身上也可能十分顯著。在正常的情況下，大腦的額葉和皮質下部位會保持美麗的平衡和微妙的關係，調和感知與感受，讓我們擁有自由、愛玩、充滿創意的意識。因為額葉受傷造成失衡，有可能「釋放」衝動的行為、鑽牛角尖的想法以及龐大的情緒和衝動。斯伯丁的症狀會不會是額葉受傷或重度憂鬱，或兩者惡性結合的結果？

額葉損傷可能造成注意力不集中、無法解決問題、創意和智識活動貧乏等狀況。雖然斯伯丁覺得自己發生意外後，智力並未退化，凱西卻認為他毫不間斷地反覆想著同一件事，可能有一部分是在「掩飾」智力的喪失，只是他不想承認。無論如何，斯伯丁感覺自己再也無法達到車禍前的高度創造力，創作出充滿樂趣的精湛表演，而其他人也這麼覺得。

第一次診療過了兩個月後，我在二〇〇三年的九月又見到斯伯丁和凱西。這段時間他都住在家裡，情緒非常陰鬱，無法工作。我問他有沒有感覺什麼不同，他說：「沒有不同。」我說他看起來比較有活力、沒那麼焦躁了，他說：「別人也這麼說，但我沒感覺。」接著，他好像不希望我認為他變好了似的，便告訴我他上個週末籌備了一場自殺「排練」。凱西當時去加州參加商務會議，因為怕他在鄉村會有危險，便安排他在位於曼哈頓的公寓度過週末。可是他說，他星期六出門勘察布魯克林大橋和史泰登島渡輪，想看看這些地方適不適合戲劇化自殺。只是他「太害怕了」，尤其是想起妻兒時，所以沒有付諸行動。

他開始重新騎腳踏車，時常會經過以前的家，儘管他受不了眼睜睜看著屋子重新油漆，變成別人的。他曾提議把房子買回來，認為這樣或許就能擺脫自己身上的「邪惡咒語」，但是新屋主並不想賣。

然而，凱西指出，斯伯丁雖然極度憂鬱和鑽牛角尖，過去兩年來卻也逼迫自己前往其他城市進行了數場演出。可是，這些以那場車禍為主題的表演跟他最好的表現相去甚遠。某次演出前，他敲了敲舞臺的門，跟他很熟的導演起初卻把他誤認為遊民，因為他的樣子非常邋遢。斯伯丁在舞臺上感覺很不專心，與觀眾有所疏離。看診差不多要結束時，凱西提到斯伯丁預定隔天前往醫院，嘗試去除包住右坐骨神經的結痂組織。醫師希望手術可以讓神經再生，使他好好移動右腳。他會進行全身麻醉，我想起麻醉在幾個月前曾對他產生極大的影響，於是安排在手術後幾個小時到醫院探視他。

我到達病房時，發現斯伯丁非常活潑熱情，表現出我先前不曾在他身上看過的自發性，跟前一天來到我診療室的那個幾乎不說話、不回應的人非常不一樣。他主動開啟對話，並給我一杯茶，還問我從哪裡來、在寫什麼書。他說，在麻醉消退後的兩、三個小時，他鑽牛角尖的執念完全消失，現在仍比之前大為減少。

我隔天又去探望他，那天是二〇〇三年九月十一日，自他陷入「邪惡」的憂鬱狀態剛好滿兩年。他依然非常有活力、愛交談。歐林也有來看過他一次，同樣跟斯伯丁進行了「正常的對話」。我們都對這幾乎瞬間的逆轉感到吃驚。

我和歐林再次思索是什麼造成他短暫「回歸正常」。歐林認為，麻醉減輕或抑制了斯伯丁額葉受傷所造成的揮之不去的想法和負面感受，持續四十八小時。換句話說，麻醉提供了完好無缺的額葉正常來說會提供的保護屏障。

我在九月十二日一早第三次拜訪斯伯丁，發現他心情還是很好。他說他術後疼痛的狀況非常輕微，接著還敏捷地下床，要讓我看看他不用拐杖或夾板也可以走得很好（不過他的神經還沒完全復原，所以走路時受傷的腳必須抬高）。我要離開前，他問我要去哪裡──是那種他在陷入自我思緒的狀態下鮮少會提出的友善問題。我說我要去游泳，他說他也很愛游泳，特別是在住家附近的那座湖。他希望出院後可以去那裡游泳。

我很開心看到桌上放了一本筆記本（他之前曾告訴我，他在愛爾蘭住院期間都有寫日記）。我說，我覺得兩年的折磨已經夠了：「你已經被黑暗的力量控制得夠久了。」斯伯丁微微一笑，說：「我也這麼覺得。」

這時候，我保守地感到樂觀。或許，他終於漸漸從憂鬱症和額葉的傷口復原過來。我告訴斯伯丁，我看過很多頭部創傷比他還嚴重的病患，在時間和大腦自癒能力的幫助下，最後重拾大部分的智識能力。

我原本預定隔天再去探視斯伯丁，但是凱西在電話中留下訊息，說斯伯丁沒有辦理出院、也沒有帶錢或證件就離開了醫院。

隔天早上，我發現另一封訊息，說斯伯丁已經出發前往史泰登島渡輪，然後留下訊息說他要自殺。凱西已經報警，警方在晚間十點左右終於找到他，當時他正在渡輪上來回騎車。他被強制送進史泰登島的一間醫院，接著轉到紐澤西州專門協助腦部復健的凱斯勒醫院。幾天後，我和歐林前去探視他。

斯伯丁非常願意交談，還給我看他剛寫完的十五頁創作，是他許多個月以來書寫的第一件作品。但是他仍懷有一些奇怪和不祥的念頭，跟他所謂的「創意自殺」有關。他很後悔，在跟一名正在撰寫關於他的雜誌文章的記者聊過之後，沒有帶她到史泰登島渡輪上當場表演創意自殺給她看。我花費一番工夫告訴他，活著比死了更能發揮創意。

後來，斯伯丁回家了。我在十月二十八日看到他時，很高興聽到他在前幾個星期完成兩場獨白。我問他是怎麼辦到的，他強調全心全意去做很重要，如果打算要做一件事，不管他心情如何也要做到。或許，他也希望表演能讓他重拾活力。凱西告訴我，以前演出完畢後，他會持續充滿活力，到後臺跟朋友和粉絲交流。現在，他在表演期間雖然很有活力，但是表演一結束，他幾乎就馬上回到憂鬱的狀態。

某次表演過後，他留給凱西一張紙條，說他要從長島的某座橋跳下去，而他真的跳了。他感覺自己無法繼續「全心全意去做」。他在大庭廣眾之下跳下橋，有不少目擊者看到他，其中一位協助他回到岸上。

斯伯丁常常留下自殺紙條，被凱西或小孩在廚房餐桌上發現後，一家人就會陷入極大的焦慮，直到他再度現身為止。

十一月時，我和歐林去看了斯伯丁的表演。我們對他在臺上表現出來的專業風範和精湛技巧十分欽佩，但也感覺他仍沉浸在回憶和奇想之中，不像以前那樣能夠掌控和轉化。

斯伯丁和凱西十二月初又來見我。我要去請他們進來時，斯伯丁眼睛閉著，好像睡著了，但我跟他說話，他便馬上張開眼睛，跟著我進診療室。他說，他不是在睡覺，而是在「思考」。

他說：「我還是會很嚴重地多想，我覺得自己好像在自我催眠，注定步上我母親的後塵。一切都結束了，進入末期。我死了比較好。我有什麼好留戀的？」

一週前，斯伯丁和凱西搭船遊歷，凱西對他盯著水面那「意味深長」的模樣嚇壞了，感覺自己現在必須時時刻刻顧著他。

我告訴斯伯丁，大家都對他最近幾次的獨白演出印象深刻，他卻說：「對，但那是因為他們看到了以前的我、我以前的樣子，雖然那個我早就不存在了。他們只是多愁善感、懷念過去。」

我問他，把他人生中的事件、特別是非常負面的事件轉化成獨白，是否能夠讓他整合這些事件，進而減緩事件帶來的影響。他說不能，現在不能了。他覺得他現在的獨白不僅不能像以前那樣幫助他，還加劇了他的憂鬱思想。他補充道：「從前，我能夠獨立於素材之上，我會運用諷刺。」

他說自己是個「失敗的自殺者」，並問我：「假如你只能在精神病院和自殺之間做選擇，你會怎麼做？」

他說，他的腦子想的全是他的母親和水，永遠都跟水有關。他說，他的自殺念頭都跟溺死有關。

我問他為什麼是水？為什麼是溺死？

他說：「回歸海洋，我們的母親。」

這讓我想起易卜生的劇作《海上夫人》（*The Lady from the Sea*）。我已三十年沒讀過這部劇作，但我現在開始重讀（斯伯丁自己也是劇作家，肯定有讀過），想起從小在燈塔長大的艾梨達有一個發瘋的母親，而她自己也滿腦子都是大海，並對一個似乎象徵海洋的水手（「這個男人身上帶有海洋全部的力量」）感到一股「可怕的吸引力」，因此也快要發瘋。

艾梨達跟斯伯丁一樣，因為搬到另一個房子而陷入幾近精神病的狀態，跟過去的種種和她自己認定的「命運」有關的半幻覺影像如海浪般從潛意識湧現，幾乎使她無法活在當下。她的醫師丈夫房格爾看見這其中蘊含的力量：「對無邊無際、無限、無法觸及之事物的渴望，最終將把妳的思緒完全拉進黑暗。」我現在擔心斯伯丁也是如此，正被他或我或我們任何一個人都無法對抗的力量拉向死亡。

斯伯丁三十多年來都站在「滑溜的坡面」上（這是他用的形容詞），是個高超的表演者和基本教義派，從來沒墜落過。現在，他懷疑自己還能不能夠繼續。雖然我表面上表達出希望與樂觀，但我其實也開始懷疑起來。

在二〇〇四年的一月十日，斯伯丁帶孩子去看電影。那部電影是提姆·波頓（Tim Burton）的《大智若魚》(*Big Fish*)，劇情描述一位即將死亡的父親把自己天馬行空的各種遭遇講給兒子聽，最後回到河流，在那裡死去，並可能化身成真正的自己——一條魚，讓他那些荒誕不經的故事真的有一個成真了。

那天晚上，斯伯丁離開家，說要去見一位朋友。他沒有像之前那樣留下自殺紙條。警方展開調查後，有人說看到他坐上史泰登島渡輪。

兩個月後，斯伯丁的遺體被沖到東河的岸上。他一直想做出高度誇大的自殺行為，但是到了最後，他卻沒對任何人留下隻字片語，只是人間蒸發，靜靜回歸大海，回到他的母親身邊。

健康也很危險

七十二歲的 K 先生，是個聰明又有素養的人，在時尚界頗有成就，身體大致上都很健康。不過，在二〇〇〇年的九月，也就是他第一次來找我的兩年前，K 先生的關節痛了起來，醫師判定他得到風濕性多肌痛症，給他開了普賴鬆（Prednisone），每日兩次、每次十毫克。不出幾天，疼痛和僵硬感不見了，K 先生感覺自己的身心狀態非常棒——可能有點棒過頭了。他後來告訴我，這種類固醇藥物「讓我感覺活力極為充沛。我原本走起路來像個九十歲的老頭，現在走路卻好像要飛起來似的。我這輩子從來沒有感覺這麼健康。」之後的幾個月，他的「狂喜感」（他事後這麼形容這種感受）愈來愈明顯，他變得更善於交際，做起生意也更大膽。他和身邊的人都覺得，他的心情似乎高昂無比。

他在二〇〇一年的三月到巴黎出差時，不對勁的地方才終於顯現出來。在準備這趟旅程時，他就出現一些沒有秩序和興奮異常的徵兆。在巴黎，這些症狀全面爆發：他忘了重要的約定（這引起了他的家人的注意）；買了價值超過十萬元的藝術書籍；跟飯店員工起爭執；在羅浮宮攻擊一名警察。

這導致他被迫住進法國的一間精神科醫院。在那裡，他看起來「高高在上、肆無忌憚」，並坦承自己之前偷偷將普賴鬆的劑量增加五倍，沒有告知任何人。他這樣服用普賴鬆至少三個月的時間。顯然，高劑量的普賴鬆造成了所謂的「類固醇精神病」，K先生的狀況被診斷為「帶有精神病特徵的躁狂發作」。他服用了鎮靜劑，普賴鬆的劑量也降到原本的每日兩次、每次十毫克。然而，這樣做的效果不大，他在法國醫院吵吵鬧鬧、行為脫序了幾天後，便在一位醫師陪同下，於二〇〇一年四月三十日返回紐約。

回到紐約之後，K先生又住進精神科病房，他的類固醇劑量雖然大幅降低，他卻仍有精神病症狀，思維非常混亂。神經心理測驗顯示，他原本卓越的智商、記憶、語言和視覺空間功能都退步了。

由於沒有證據顯示他這持久的認知缺陷具有任何感染、發炎或中毒性代謝的成因，他的醫師覺得除了類固醇精神病外，他肯定也得了某種進程快速的神經退化性疾病（類固醇精神病可能讓他容易出現這種病，或是這種病是因為他得到類固醇精神病而被釋放出來）。醫師認為他有可能罹患阿茲海默症、路易氏體失智症或額顳葉失智症。

核磁共振與正子斷層造影顯示，K先生的大腦兩側代謝減弱，這雖然不是確切的證據，但是跟他的神經心理測驗結果一起來看，確實符合早期失智的標準。

K先生住院六個星期，終於在六月初出院回家，但是卻變得比之前更躁動混亂，有一次甚至攻擊自己的妻子。他現在需要有人隨時隨地監督，因此住進了一間封閉的阿茲海默症機構。在那裡，情況迅速惡化。他開始囤積食物、偷其他病友的東西、變得又骯髒又邋遢，完全不像以前那個穿著時髦的他。

他的妻子看著丈夫快速崩壞，七月中焦急地徵詢另一個神經科醫師的意見。K先生的新醫師做了更多檢測，並開始逐漸減少他的普賴鬆劑量。

到了二〇〇一年的九月，也就是他連續服用普賴鬆一年之後，他終於完全停用類固醇。他混亂的精神狀態幾乎馬上就停止了。這在九月中的一場婚禮上表現得非常明顯：K先生恢復昔日時髦的裝扮，也認得大部分的賓客，還跟他們打招呼聊天，是一個月前他嚴重失智時絕對做不到的。

K先生回到商場，幾週後進行的神經心理測驗也顯示他幾乎所有的認知功能都有很大的進步，雖然還是有一點衝動、持續言語和智商缺失的跡象。

這一切雖然令人安心，卻也叫人疑惑，因為阿茲海默症或額顳葉失智症等疾病是會愈來愈惡化的，不會一夕之間消失。然而，曾經有可能餘生都要被關在阿茲海默症機構的K先生，現在卻回到家人身邊，也回到商場和日常生活，就好像突然從一場持續數個月的惡夢中驚醒似的（他的太太寫了一篇敘事描述這一切，題名為〈在地獄走一遭的旅程〉）。

我大約在六個月後、也就是二〇〇二年的三月第一次見到K先生。他是一個高大、和藹可親、很會打扮、友善健談的人，以理性連貫的方式述說自己的故事，但是很會岔題（我看不出來這些經歷有多少是他自己回想，又有多少是聽別人講的，但是因為重複很多遍，所以現在說得很流暢）。他說話很有說服力，且充滿魅力，也會大方談論他人生中的其他面向，像是他對藝術很有興趣，希望寫一本書介紹一百多間歐洲較少人知道的美術館，把它們的館藏製作成線上虛擬博物館。他在說這些事時充滿活力、口若懸河，讓我不禁心想他的思維是不是帶有一絲衝動和「額葉」的屬性，是初期的額顳葉失智症可能出現的症狀。但是，沒有深入認識病患更久的時間，我無法確定；或許，就像他太太堅稱的那樣，他本來就是這麼生氣蓬勃。

最近一次的神經行為測試顯示，他仍具有持續言語、衝動、無法專注、記憶擷取困難等傾向，可能是輕微的額葉和海馬迴功能異常，但無法確定。

我對 K 先生進行神經檢查，除了發現他左手會顫抖之外，沒有其他值得注意的地方。他現在已經停止所有藥物好幾個星期，輕微的帕金森氏症幾乎完全消失。然而，他和他的太太顯然非常擔心其他醫師表達出來，以及他們自己也感受到的不確定性。K 先生說：「希望那真的是類固醇精神病，但也有可能是其他深層的原因，例如阿茲海默症的初期症狀。令我擔憂的是，沒有一個肯定的診斷。到底只是類固醇，還是有更嚴重的疾病會發生？」假如他真的罹患神經性疾病，因為服用類固醇而暫時揭露或釋放出來，那這個病不就還沒治好，只是等著之後帶來更無法挽回的失智症？他們夫妻二人都使用了「潛伏」一詞，想知道還能做些什麼讓他們安心或提供更明確的診斷。

我無法給他們想要的肯定答案，因為這整件事實在很怪異。神經醫學的相關文獻對於「類固醇引起之失智症」這種東西是否存在具有很大的爭議，就算真的存在，也不知道這種病有什麼預後——有些案例復原了，有些卻沒有。

我沒辦法給 K 先生一個確定的診斷，但是對他顯現的進步感到有信心，於是便建議他繼續做他平常會做的活動，希望他的工作因為常常要出差、做出複雜的決策與協商，可以讓他安心一點，同時找回自我認同和樂觀。六個月後，我又見到他，他說他很努力工作：「我的病讓我損失不少生意，所以我正努力讓它重上軌道。」

我後來陸陸續續都有追蹤K先生。二〇〇六年的五月，也就是他突然失智五年後，他在各種心理功能的檢測中都得到非常優異的分數。他告訴我，他最近剛從歐洲和土耳其回來，打算在杜拜開店。他用非常引人入勝的方式告訴我皮草貿易的簡史，並說他希望實行線上博物館的計畫。

他說：「我完全沒有受到過去的影響，彷彿那一切從不曾發生過。」

失智通常被認為是無法逆轉的，而在神經退化性疾病的脈絡下的確有可能如此。但是，也有一些失智狀況嚴重到類似後期的阿茲海默症，卻有可能逆轉。這在衰老的過程中並不少見，因為飲食不當和維生素B12缺乏有可能導致神經退化。這類可逆轉的失智症有許多可能的成因，包括代謝和毒素障礙、營養不均，甚至心理壓力；過量攝取類固醇也必須加進這份清單。類固醇可能讓人感覺自己極度健康，就像K先生很快就察覺卻無力抗拒的那種狂喜感，而這說不定就是危險的徵兆。

茶和吐司

泰瑞莎在一九六八年住進貝絲亞伯拉罕醫院時，已經九十幾歲。她從九十歲開始出現失智症，病程逐漸前進，但在姪女和一名探訪護理師的協助下，仍持續獨居，過著半獨立的生活。可是，她吃得很糟糕，她的姪女告訴我，她只吃「茶和吐司」。現在，她思緒混淆且出現失禁狀況，需要住進安養院。

她似乎不曾出現中風或癲癇的狀況，因此預設診斷跟「老年」有關，也就是「阿茲海默老年癡呆症」（我們當時使用的術語），是一種會持續惡化、無法治癒的病症。除此之外，她的一般檢查和神經檢查都沒有異常，血液常規檢查也顯示數值都介於正常範圍內。但當我聽到她只吃茶和吐司時，我有些疑慮，便安排了一個當時不太常用的檢測，要評估她血清中的維生素B12濃度。維生素B12正常介於兩百五十到一千單位，但是泰瑞莎的血液濃度只有四十五。

這種狀況稱作惡性貧血，有時是自體免疫疾病所造成，但更常見的原因則是素食飲食。在過去，這種貧血的標準療法是注射肝精，因為從一九二〇年代以來，人們就發現食用動物食品（尤其是肝臟）可預防、中止或逆轉這個被認為跟缺乏有關的疾病，雖然當時並不知道讓肉類（尤其是肝臟）這麼有成效的特殊因子是什麼。蕭伯納是個嚴格的素食主義者，他每個月都注射肝精，因此得以活到九十四歲，直到最後都十分活躍、能夠創作。

學界不斷嘗試萃取出肝臟的抗貧血成分，最後終於在一九四八年取得成功。同一年，十五歲的我因為戶外教學的緣故得以參觀從肝臟萃取、濃縮該成分（幾乎就跟從瀝青鈾礦萃取出鐳一樣）的那間實驗室。我們得知，這個成分就是維生素B12，又稱作氰鈷胺素，是一種中心有一顆鈷原子的複雜有機錯合物，跟簡單無機的鈷鹽一樣，有著美麗的玫瑰紅色澤。這項發現讓我們得以檢測病患血液裡的B12濃度，必要時使用這種「紅色維生素」治療病患。❶

知識廣博的神經科醫師金尼爾．威爾遜（Kinnier Wilson）在二十世紀初期發現，惡性貧血可能只會造成失智症或精神病，不會伴隨其他貧血或神經病變或脊髓退化。此外，

❶到了一九七〇年代，科學家才成功合成B12，是一項偉大的合成化學成就。

這種失智症或精神病在注射肝精後大致上都能逆轉，和自體免疫疾病可能造成的不可逆脊髓結構變化不同。❷

這位老婦人會不會也是如此？如果給她注射維生素B12，她的失智症有沒有辦法逆轉？我們十分開心且驚訝地發現（因為我們原以為她除了缺乏B12，可能也有阿茲海默症），她在每週注射B12之後，身體慢慢好轉。她重拾過去流暢的記憶力，開始每天去醫院的圖書館，起初是找報章雜誌來看，後來則會借閱書籍、小說和傳記，是她近五年以來第一次好好看書。她也開始重新玩自己以前很上癮的字謎。注射維生素B12六個月後，她完全復原了，能夠處理自己的生活和事務。此時，她希望出院，回家裡住。

我們同意了，但也叮囑她要飲食均衡、定期監測B12濃度、需要時就注射B12。

從貝絲亞伯拉罕醫院出院兩年後，九十七歲的泰瑞莎仍過得很好，但還是需要注射

---

❷ 偉大的精神分析學家薩德．費倫齊（Sándor Ferenczi）在一九三〇年代初期想出一些非常不尋常的點子，例如精神分析學家應該躺在病人旁邊的沙發椅。這些點子雖然有點不正統，但是起初只被認為是因為他的頭腦極具獨創性。但是，他提出的點子愈來愈荒誕，人們才發現費倫齊原來得到了器質性精神病，跟惡性貧血有關。

B12。許多年長者無論飲食如何，都是這樣的，因為他們通常胃酸含量較低（這個情況可能因服用某些藥物而變得更糟，像是治療胃酸逆流常會開立的氫離子泵抑制劑，因為它們會完全阻止胃酸分泌）。

泰瑞莎雖然是第一人，但是我後來又在不少年長者身上看過因為維生素B12缺乏所造成的困惑和失智症狀，而這些不一定能夠逆轉。泰瑞莎很幸運，她說：「紅色維生素救了我一命。」

告知

早在我開始接受醫學教育之前，我就從我父母（他們兩位都是醫師）身上學到當醫師的一個重要事實，那就是醫師要做的不只診斷和治療，還牽涉到病患一生中最私密的一些決定。這需要運用不少技巧和判斷力，不比醫學方面的判斷力與知識差。假如出現了非常嚴重、可能危及生命或改變一生的病症，醫師應該跟病患說些什麼、又該何時說出口？要怎麼跟病患說？應該跟病患說嗎？每一個情況都很複雜，但是大部分的時候，病患都想知道真相，無論真相多麼殘酷。然而，他們希望聽到醫師有技巧地說出真相，就算不給他們希望，至少也能讓他們感覺到自己剩下的人生可以用什麼最有尊嚴、最圓滿的方式過完。

當病患得到的是失智症時，告知病情這件事又更複雜了，因為醫師宣判的不只是死刑，還是心理上的衰退、困惑，以及最終在某種程度上失去自我的歷程。

這在M醫師的身上顯得特別複雜悲傷。他原本在我任職的醫院擔任醫務主管，後來在七十歲時不得不退休。十年後，也就是一九八二年，他回來了，但這次是以中度阿茲海默症患者的身分。他的短期記憶出現很大的問題，他的妻子也說他常常感到困惑和迷惘，有時甚至會躁動凶狠。她和他的醫師希望讓他住進曾經工作過的醫院，待在他可能覺得熟悉的環境和人事物之間，可能會讓他平靜有秩序。我自己和一些曾經替M醫師工作過的護理師聽到都很錯愕——首先，我以前的上司現在竟然失智了；再來，在這麼多的地方，他竟然要住進自己曾擔任主管治理過的醫院。我認為這簡直太羞辱人了，幾乎跟虐待狂一樣殘忍。

他住院後一年，我在他的病歷表上總結了他的狀態：

我很難過看見以前的友人和同事現在淪落到這麼可怕的遭遇。他在一年前住進這裡，被診斷出……阿茲海默症和多發梗塞性癡呆……

前幾個月的情況極為困難。M醫師持續不斷地「發作」和躁動不安，我們只好使用酚噻嗪和好度(Haldol)使他冷靜下來。這些藥物雖然劑量非常小，卻還是造成嚴重嗜睡和帕金森氏症。他體重減輕、老是跌倒、瘦弱萎頓，看起來已經走到生命盡頭。

> 停用這些藥物後，他恢復了體力和活力，可以輕鬆走路和說話，但需要不斷有人看著（不然他會走丟，而且他極為不穩定且難以預測）。他的情緒和心理狀態起伏非常大，有時很「清醒」，會變回原本那個親切的性格，但大多數的時候則是嚴重沒有方向感且情緒激動。有一個專心看顧他的人當然很好，也是我們所能做的最好安排。但令人難過的是，他「很多時候」都在發作且焦躁不安。
>
> 我們很難知道他「了解」多少，而且這一點起伏不定，幾乎每一秒鐘都在改變。
>
> 他很喜歡來診所跟護理師暢談「過去的時光」。他在這裡做這件事時似乎最自在……而且在這種時候，他說話會非常有條理，還能寫字。（甚至開處方！）

每當M醫師進入原本醫務主管的角色，就會完全變了個樣，雖然持續的時間很短暫。這樣的轉變會發生得很快，使我們每個人都不太知道該怎麼反應，該怎麼處理這前所未見的狀況。但我注意到在他狂亂的生活中，這些插曲鮮少出現。我在他的病歷表上寫道：

> 他總是「很忙碌」，很多時候似乎還以為自己仍是這裡的醫師，跟病患說話時不是以

同為病患的身分，而是像醫師那樣，並會翻閱他們的病歷表。

有一次，他看見自己的病歷表，說：「查爾斯・M，是我。」他打開來，看到「阿茲海默症」幾個字，又說：「老天幫幫我！」然後哭了起來。

有時，他會喊道：「我想死……讓我死。」

有時，他認不得史瓦茲醫師；有時，他又會親切地叫他「華特」。今天早上，我有一個非常類似的經歷，他被帶到我的診療室時，非常躁動，不肯坐下，也不讓我跟他說話或檢查他。幾分鐘後，我在走廊上巧遇他，他卻馬上認出我來（我想他一定忘了幾分鐘前才見過我），還叫我的名字，說：「他最好了！」然後要我幫他忙。

Q先生是另一位病患，他失智的情況沒有M醫師嚴重，住在安貧小姊妹會（Little Sisters of the Poor）經營的一間安養院，我常常會去那裡看診。他過去曾在一間寄宿學校當了多年的工友，現在又來到相似的環境：這是一間使用機構家具布置而成的機構，來來往往的人很多，尤其是白天的時候；這些人有的是管理者，會穿著相稱的服裝，有的則必須依循管理者的指引；此外，這裡也有嚴謹的作息表，起床、用餐和就寢的時間都是固定的，所以，Q先生會以為自己仍然在學校當工友，或許並不那麼叫人意外（雖然這間學校經歷了一些令人困惑的改變)。即使這裡的學生常常生病、很多都上了年紀,職員穿的是宗教團體的白袍,但那些只是不重要的小細節,畢竟他從來不過問行政事務。

他有他的工作要做:晚上檢查門窗是否安全上鎖,檢查洗衣間和鍋爐室,看看一切是否運作順暢。經營安養院的修女雖然看得出他頭腦不清、出現錯覺,卻願意尊重、甚至強化這位有些失智的病患的身分認同,因為她們認為,他的身分認同如果被奪走,他可能會崩潰。所以,她們放任他扮演工友的角色,給他某些小房間的鑰匙,並交代他晚上休息前要鎖門。他在腰間掛了一串鑰匙,象徵他的職位、他對外的正式身分。他會檢查廚房,確認所有的瓦斯爐都關著,易腐敗的食物也都有冰起來。雖然隨著時間過去他變得愈來愈失智,但他的工友角色讓他每天忙著進行檢查、清潔、維護等各項工作,似乎能夠協助他保持條理和穩定。Q 先生後來死於突如其來的一次心臟病發,死前或許仍深信自己做了一輩子忠誠的工友。

我們應該告訴 Q 先生,他其實已經不是工友,而是一個情況不斷惡化、住在安養院裡的失智症患者嗎?我們應該奪走他習慣熟悉的角色,讓他看清對我們來說很真實、對他來說卻可能毫無意義的「事實」嗎?這樣做感覺不但沒有意義,還很殘忍,說不定還會加速他的死亡。

衰老的大腦

我在老人院和慢性病醫院擔任神經科醫師近五十年，看過數千位罹患阿茲海默症或其他失智症的老年人，最令我驚訝的是，雖然大部分患者出現的病理機制都很雷同，臨床表現卻極為多樣。他們擁有的症狀和機能異常如萬花筒般多變，從來沒有一模一樣的情況。神經機能異常表現出來的樣子，通常跟一個人的特點有關，包括他們原本就有的優缺點、智識能力、技能、生活經歷、性格、風格，以及他們獨特的生活處境。

阿茲海默症可能一開始就發展成全面性的症候群，但更常見的情況其實是先出現獨立的症狀，小到可能讓人起初懷疑是小中風或腫瘤；到後來，這種病的廣泛本質才會變得明顯（所以醫師經常沒有在一開始就診斷出阿茲海默症）。初期症狀無論只有一個或多個，通常都很輕微。患者可能有輕微的語言或記憶問題，例如想不起某個名稱；輕微的感知問題，比方說短暫的幻覺或錯覺；或者輕微的智力問題，像是聽不懂別人的笑話或論點。不過，大致上，最先受到影響的通常是最晚演化出來的機能，也就是複雜的聯想機能。

在非常初期的階段，機能異常通常都是短暫的，腦波的變化也是如此，有時候必須檢查一個小時的腦電波圖，才會發現一秒鐘的異常變化。但是很快地，認知、記憶、行為、判斷方面的障礙，以及搞不清楚時間地點的狀況會變得更嚴重，最後集結成全面性的失智症。失智症繼續發展，常常會出現感官和運動方面的障礙，連同痙攣、僵直、肌陣攣，有時則會有癲癇和帕金森氏症。有些人可能出現令人吃驚的性格轉變甚至是暴力行為。最後，除了腦幹反射之外，患者可能幾乎不會出現任何反應。這個可怕的疾病可能帶來任何皮質方面的失調（以及許多皮質下方面的異常），雖然疾病發展的歷程在每個人身上都不一樣。

病人早晚會失去表達自身狀況的能力，無法用任何方式溝通，只有說話的語氣、觸摸或音樂可能有辦法短暫引起病患的反應。最後，就連這些能力也喪失了，患者真的完全失去意識和皮質功能，也失去了自我，出現精神死亡。❶

由於失智症的症狀如此多樣，標準化的測試雖然適合用來篩檢病患，也適合用來針對基因研究或藥物試驗描述群體，卻很難讓我們了解這種病真正的樣子、病患可能如何調適或反應，以及旁人可以怎麼幫助他們或他們如何幫助自己。

我有一位病患在失智症非常初期的階段，突然發現自己看錶時，竟然說不出時間。她清清楚楚看見錶針的位置，卻無法解讀時間。有那麼一瞬間，她看不懂錶針代表的意義，接著突然間，她又看懂了。這些短暫的視覺失認症快速惡化，無法辨讀的時間拉長到數秒鐘、數分鐘，最後她時時刻刻都看不懂錶針。她非常敏銳且恐懼地意識到整個惡化的過程，這背後的阿茲海默症進程使她害怕不已。但是，她自己想到了一個重要的療癒方法：我何不戴數字錶，並且在每個地方都擺放數字鐘？她做出行動，雖然視覺失認症和其他問題持續加劇，但她至少能夠看懂時間了，就這樣又過了三個月有秩序地安排作息的日子。

還有一位病人，她很喜歡做菜，當時她的認知能力整體來說也都算非常好。可是，

---

❶ 照顧一個失智狀況十分嚴重、只會不斷惡化的人，除了會耗盡體力，還得不間斷地留意這個愈來愈難表達思想、愈來愈難擁有清晰思路的腦袋裡面所發生的事情，幾乎要有心電感應的能力。失智症患者頭腦不清、搞不清楚時空的程度有可能極為嚴重。這種負擔會讓照護者因為壓力而生病。身為醫師，我看過太多這樣的例子，有時候年邁的丈夫或妻子可能會犧牲自己的健康，比他們照顧的生病的另一半還早離世。所以，外界的協助是非常重要的。

她發現自己突然沒辦法比較不同容器中的液體量。例如，一盎司的牛奶從玻璃杯倒入鍋中，容量看起來就不一樣了。於是，荒唐的錯誤開始出現。這位病患本身是心理學家，因此她難過地認出這是一種皮亞傑錯誤 (Piagetian error)——童年初期習得的容積固定感喪失了。然而，她改成使用有刻度的容器和量杯，而不再像以前那樣目測，於是便解決這個問題，繼續在廚房安心做菜。

這些病人在正式的心智測驗中可能表現得很差，但是卻能夠清楚生動、精準幽默地描述如何烤朝鮮薊或蛋糕；他們可能還是能夠唱歌、說故事、演戲、拉小提琴或畫畫，幾乎沒有任何缺失。這就好像他們喪失了某些特定思考模式，而其他模式仍完好如初。

有時，人們會說阿茲海默症的患者不曉得自己生病了，說他們從一開始就喪失了洞察力。雖然有時候的確是這樣 (例如從額葉開始發病的案例)，但以我的經驗來說，病人更常最先發現自己的問題。同時身為作家和園藝師的湯瑪斯．德巴喬 (Thomas DeBaggio) 甚至在六十九歲死於阿茲海默症之前，出版了兩本關於自己發病初期的回憶錄，書中充滿洞見。大部分的患者知道自己發生什麼事，都會非常害怕。有些人一邊喪失智力和方向感，發現自己活在愈來愈破碎混亂的世界，一邊持續感到恐懼。然而，我認為絕大多數的病患會隨著時間變得愈來愈平靜，因為他們可能開始喪失自己失去了什麼的知覺，轉換到一個比較單純、不加思索的世界。這些病患看起來好像智力退化（不過我們要謹慎對待這種想法），所以變得像個孩子，只剩下敘事型的思考模式。神經科兼精神科醫師科特．戈德斯坦 (Kurt Goldstein) 會說，這些病患不只喪失了抽象能力，也喪失了抽象「態度」，處於一種較低等、較具體的意識或生存型態之中。

偉大的英國神經學家休林．傑克森 (Hughlings Jackson) 則認為，失智症從來就不只是神經系統受損所造成的機能缺失，還有他所說的「超生理」或「正向」症狀，是正常情況下受到限制或抑制的神經機能被「釋放」或誇大的結果。他提到「消退」這個詞，指的是退化或返回更古老的神經機能層次，為演化的相反。❷

雖然傑克森把神經系統的消退視為演化逆轉的這個概念現在被認為過於簡化，但是像阿茲海默症這種瀰漫性皮質疾病，確實會出現一些顯著的行為退化或釋放。我常看到失智症晚期的患者做出搔抓、狩獵、梳毛等原始的整理儀容行為，正常的人類發展不會

❷傑克森認為，消退的情況在做夢、譫妄和精神錯亂的過程中非常明顯，他在一八九四年發表的長篇文章〈神經錯亂因子〉便充滿這方面的有趣觀察和洞見。

出現，讓人聯想到他們有可能是返回人類之前的靈長類狀態。而在失智症的最後一個階段，患者已經不會做出任何有秩序的行為，可能出現只有嬰兒會做的反射動作，包括抓握、吸吮和摩羅反射（Moro reflex）。❸

患者也可能出現比較接近人性的退化行為，這非常令人驚訝（有時也非常叫人不勝唏噓）。我有一個高齡一百歲、嚴重失智的女性病患，她大部分的時候都處於不連貫、分心、躁動的狀態，但是只要給她一個娃娃，她就會馬上專注起來，非常專心，把娃娃放在胸口，好似在餵奶，並且會輕搖、摟抱它，對它輕柔哼歌。她的心神只要被這些母性行為所占據，就會非常平靜，但是這個行為一停止，她又會變得躁動。

一旦診斷出阿茲海默症，神經科醫師往往會感覺一切都沒有用了，病患和他們的家屬也是。這可能讓無力感提早出現，但事實上，各種神經機能（包括許多提升自我的機能）似乎都有辦法抵抗神經機能異常。

在二十世紀初期，神經學家除了神經疾病的主要症狀之外，也開始留意針對症狀所

❸編按：一種新生兒的本能反射，當突然受到刺激或感覺失去支撐時，便會將雙臂迅速向外張開再合攏。

進行的代償和適應。科特．戈德斯坦在第一次世界大戰期間研究腦部受損的士兵，便從原本的缺失論改成比較整體、有機的觀點。他認為，除了缺失和釋放之外，一定會發生重組，這是腦部受損的有機體為了生存所採取的策略（儘管這是無意識、幾乎由身體自動做出的策略），雖然這個方法可能比較死板、陽春。

治療過腦炎後患者的蘇格蘭醫師艾維．麥肯齊（Ivy Mackenzie）曾描述主要的症狀發生後，接著出現的遠期效應──「推翻」、代償與適應。他在這些研究中寫到，我們會看到「有秩序的混亂」，這個有機體和他的大腦接受自己的現況，並在其他層次上重新確立自我。他寫道：「不像博物學家，醫師關注的是單一有機體，也就是人類個體，努力在逆境中保留他的身分認同。」

多娜．柯恩（Donna Cohen）和卡爾．艾斯多弗（Carl Eisdorfer）在他們卓越的著作《自我的失去》（*The Loss of Self*）當中，便辛辛苦苦研究了好幾位阿茲海默症的患者，詳細探討保留身分認同這個主題。這本書的書名可能有些誤導人，因為我們在阿茲海默症患者身上看見的不是失去（至少，在病情非常嚴重之前並不是），而是驚人的保留和轉化，而柯恩和艾斯多弗所證實的就是這點。[4]

阿茲海默症患者在病情惡化前，都還可以維持非常人性的一面和大部分的自我，也能擁有正常的情感和關係。矛盾的是，這樣的保留對病患和病患家屬來說可能也是種折磨，因為他們會眼睜睜看著病人在其他方面嚴重退化。

因為仍保留一定的自我，病患可以從事許多具有支持和療癒功能的活動，進而應付或喚起自我。宗教儀式、劇場、音樂藝術、園藝、烹飪等興趣嗜好可以安定病患，讓他們暫時恢復專注力和身分認同。即使病情發展到晚期，病人還是有可能認得熟悉的旋律、詩詞或故事，並做出反應，他們的反應可能非常具有聯想性，會暫時找回一些回憶和情感，以及過去曾經擁有的能力和世界。這至少會帶來短暫的「甦醒」和生命的豐滿，讓病患不是一直受到打發或忽視，活在困惑和空洞的狀態之中，隨時可能在難以想像的混亂和驚恐中失去方向感，或做出戈德斯坦說的災難性反應。

神經系統體現自我的機制似乎非常堅固。每一個感知、每一個行動、每一個念頭、每一句說出口的話，似乎都反映了這個人的經歷、價值體系和他獨一無二的一切。根據傑拉爾德．埃德爾曼 (Gerald Edelman) 的神經群選擇理論 （還有埃絲特．特倫〔Esther

---

❹ 亨利．詹姆斯 (Henry James) 罹患肺炎、發著高燒快死去時，出現譫妄的現象。我在《幻覺》中寫到，據說他即使在胡言亂語，其風格也是「完全地詹姆斯」，是「晚期的詹姆斯」風格。

Thelen〕針對兒童的認知和行動發展所做的研究），神經連結性除了取決於先天的一切生物條件，也會被個人的經歷、想法和行動所塑造。如果個人經歷和經驗選擇對發育中的大腦發揮的影響力這麼大，或許我們也不必訝異病患的個體性和自我在面對瀰漫性的神經損傷時，可以保留這麼久的時間。

當然，衰老不見得會跟神經疾病畫上等號。我在老人院工作期間，看到長者住進機構的原因其實有很多，諸如心臟毛病、關節炎、失明，或者純粹寂寞，想生活在一個團體之中。就我所能判斷的程度，他們有不少人智力和神經系統都完好無缺。我有好幾位病人都是聰明、智識活躍的百歲人瑞，仍維持對人生的一切熱忱、興趣和機能。有一位一百零九歲的婦人因視力退化入院，白內障處理好了之後，便自行辦理出院，回家過著獨立的生活（她問：「我為什麼要跟這些老人一起待在這裡？」）。即使在慢性病醫院，也有一定比例的病患可以活超過一百歲，智力沒有顯著衰退，而這些人肯定比智力衰退的人口還多。

因此，我們不應該只注意讓老年人沒有疾病或保留身體機能，還要關注他們持續發展的潛力。腦部機能跟心臟或腎臟機能不一樣，不會像機械那樣一輩子都以相當一致的方式自動運轉。大腦和心智不是自動的，因為從認知到哲學思考的每一個層面，它永遠都在試圖為這個世界分類和重新分類，理解自己的經驗，並賦予這些經驗意義。經驗不是一致的，而是不斷發生變化、不斷出現挑戰，需要愈來愈多理解上的統合，這就是真實人生的本質。讓大腦和心智像心臟一樣空轉、維持一致的運作，這樣是不夠的；它一定要終其一生不停地冒險和前進。腦部健康的定義跟一般健康的定義不同。

我們必須清楚界定長壽和活力這兩件事。強健的身體構造和運氣或許會帶來長壽健康的人生。這讓我想起我的五個兄弟姊妹，他們介於九十多到一百歲出頭，看起來都比實際年齡年輕，而且擁有比他們年輕許多的人的體格、性慾和行為。然而，人類也有可能在生理和神經方面很健康，精神卻在相對年輕的年紀消耗殆盡。如果要讓大腦保持健康，一定要讓它維持活躍的狀態，持續思索、玩樂、探險、實驗到最後一刻。這樣的活動和性格可能不會顯現在運作良好的腦部造影成像或神經測試中，但這些是定義大腦健康、允許大腦一生都能不斷發展的關鍵。從埃德爾曼的神經生物模型可清楚看出這點：大腦和心智在這個模型中被認為一直呈現活躍狀態，一輩子都在分類和重新分類它所做的活動，不斷往更高的層次建構詮釋和意義。

這個神經生物模型跟艾瑞克與喬安．艾瑞克森 (Erik and Joan Erikson) 畢生研究的主題——每一個文化似乎都有出現的普世年齡層階段——互相呼應。艾瑞克森夫婦九十幾歲的時候，又加了一個階段到原本列出的八個階段。最後這個階段在許多文化都受到承認和尊敬（雖然我們自己的文化有時候會忘了它），對應到老年期，這個階段要達成的解決辦法和策略便是智慧和整合。

這個階段的成就是統合龐大的資訊、結合漫長人生的經驗，同時加長和擴大個人的觀點，並達到某種超脫和平靜。這個過程每個人都不一樣，無法事先安排或習得，也跟教育、智力或特殊天賦沒有直接關聯。如同普魯斯特所說：「智慧是學不來的，我們必須經由一趟沒有人可以替我們走的旅程發現它，沒有人可以幫我們省下這些努力。」

這些階段純粹是一種存在主義或文化理論（不同年紀和階段對應的行為和觀點），還是說也擁有神經基礎？我們知道終身學習是有可能的，就算腦部老化或出現疾病，仍有辦法繼續學習，而我們也能肯定其他更深層的活動也還在持續著，是大腦和心智不斷進行更廣、更深的歸納與整合所產生的結果。

十九世紀時，有關自然界的一切知識還有辦法被強大的腦袋全數吸收。在當時，有一位偉大的博物學家亞歷山大．馮．洪保德（Alexander von Humboldt）在旅行和進行科學研究一輩子之後，七十幾歲時著手統整出一個宏偉的宇宙觀，把他看過、想過的一切集結成最後一部著作《宇宙》(*Cosmos*)。在他八十九歲去世時，第五冊甚至已經寫了不少。反觀，到了我們這個時代，即使是最厲害的天才也必須限縮自己的領域，難以汲取所有廣博的知識。這時候，有一位名叫恩斯特．麥爾(Ernst Mayr)的演化生物學家在高齡九十三歲時寫了一本很棒的書叫《這就是生物學》，講述生物學的興起和規模，將一生的思想所帶來的寬廣，跟八十年前熱情觀察鳥類的那個小男孩所表現出來的熱切結合起來。麥爾寫到，這種熱忱正是老年時期保持活力的關鍵：

> 一個生物學家最重要的特質就是對生物的奧妙充滿熱情。這樣的熱情會跟著大部分的生物學家一輩子，科學新發現永遠會讓他們感到興奮……他們也永遠熱愛追尋新點子、新見解、新生物。

如果我們夠幸運，能健康地活到老年，這種好奇心可以使我們保持熱情與生產力直到生命的尾聲。

庫魯病

一九九七年的時候我曾在紐約看過一位病人，她是一個八十七歲的女性，在那年之前體力依然很好、智力沒有退化，感覺身體十分健康。然而，一月底那幾天，她變得異常興奮，接著又變得焦躁。她說：「我不知道發生了什麼可怕的事。」她難以入眠，窗簾和房間的角落似乎都有鬼魅的臉孔，少數的睡眠時間也被栩栩如生的夢境干擾。到了第五天，她開始出現一陣陣困惑和迷失的感覺。醫師懷疑她可是到泌尿道感染、胸腔感染、某種毒素或代謝障礙等醫學問題，可是她的主治醫師沒有發現發燒的情形，她的血液或尿液也無異常，腦部電腦斷層看起來一切正常。尋求精神科醫師的建議後，懷疑有可能是憂鬱症，因為老年人的憂鬱症有時候會出現困惑的症狀。但這個想法很快就站不住腳，因為不到幾天，她的困惑狀況加劇了。

到了二月中，她的四肢、腹部和臉部出現肌肉痙攣。她的言語愈來愈不連貫，痙攣愈來愈嚴重。生病第三週，她已認不得自己的子女。

接近月底時，她開始在木僵似的睡眠和躁動抽搐的譫妄兩種狀態之間交替，輕輕碰她一下就會讓她整個身體劇烈抽動。她在三月十一日於昏迷中去世，整個人非常憔悴僵直，距離最初的症狀發作不到六週。我們把她腦部的組織檢體送到病理學家那裡，因為她很有可能罹患了庫賈氏病。這位病理學家顯然非常不安；病理學家處理這類病患的組織總是十分不自在。

神經學家一天到晚都會遇到這種無藥可醫的病，但這個案例讓我特別難忘，因為病患的臨床進程非常驚人，幾乎每天都看得出大腦的衰退，全身肌肉抽筋的狀況嚴重，而我們卻無法為她做任何事。

庫賈氏病很罕見，發生率大約每年僅百萬分之一，我在那之前只看過一次，那就是在一九六四年我還只是個神經科住院醫師的時候。當時，不幸得到這個疾病的男性病患來到我們這裡，被認定罹患了一種極不尋常的退化性腦部疾病。我們討論了這種病典型的特徵：快速進展的失智症、肌肉突如其來劇烈痙攣、看起來很怪異的「週期性」腦電波圖。前輩告訴我們，這些就是庫賈氏病的三大病徵。自從庫茲菲德 (Hans Gerhard Creutzfeldt) 和賈各 (Alfons Maria Jakob) 在一九二〇年初次描述這種疾病後，庫賈氏病大約只有發生過二十例，所以我們對於能夠碰到這麼罕見的神經疾病感到很興奮。當時，神經醫學幾乎跟鳥類學一樣，大體上是描述性的，庫賈氏病跟哈斯氏病、烏倫症候群以及其他以人名命名的奇特罕病都被當成非常稀少的事。

在一九六四年，我們完全不曉得庫賈氏病真正獨特的地方是什麼、跟其他人類和動物疾病之間的關聯為何，也不知道它會變成一種新疾病類別的原型和代表。我們當時完全沒想過它具有傳染力，替這位病患抽血和脊髓液時，跟替其他病患進行這些動作的時候一樣毫不在意，完全沒想到若不慎被針頭刺到、意外植入一丁點組織，我們就會得到跟他一樣的命運。直到一九六八年，庫賈氏病才被證實是一種傳染病。

在一九五七年，先前已在世界上其他地方研究疾病「隔離群」的優秀年輕美國醫師和動物行為專家卡爾頓．蓋杜謝克（Carleton Gajdusek）前往新幾內亞，要調查在富雷人村莊奪走許多人命的神祕神經疾病。這種病幾乎只發生在女性和小孩身上，而且在該世紀之前好像從來沒出現過。富雷人把它稱作「庫魯病」，並將原因歸咎給巫術。庫魯病的臨床進程以非常迅速且無情的方式讓神經系統退化，造成跌倒、踉蹌、癱瘓、不由自主大笑等症狀，最後在幾個月內致死。死者的大腦出現極為可怕的變化，有些部位變得跟海綿沒兩樣，充滿孔洞。這種病的成因極度令人費解，遺傳因子、毒素因子、常見的致病原因全被納入考量，最後卻都顯示毫無關聯。蓋杜謝克在新幾內亞西部艱困的田野環境中發揮創新精神，終於發現這個疾病是由一種新的因子傳播，這種因子可以在病患的組織潛伏多年，不引起任何症狀，最後在漫長的潛伏期後開始快速的致命過程。他使用「慢病毒」一詞來形容這個獨特的因子，並證實富雷人的喪葬儀式因為有吃人肉的習俗，染病的大腦組織被吃下肚，才會導致疾病的散播。他接著表示，這個因子在猩猩和猴子身上也會造成相似的疾病。因為這些研究，他在一九七六年榮獲諾貝爾獎。

理查．羅德斯 (Richard Rhodes) 在一九九七年的著作《致命的盛宴》中述說了庫魯病的故事，書中充滿心理洞察和戲劇張力，重現出調查初期那段滿是恐懼、疑惑、野心和智力發現的時期。

從新幾內亞揭開序幕後，羅德斯這本按時間順序描述的著作慢慢把空間範圍拉大，顯示跟其他人類疾病和各種動物疾病之間的關聯是如何辛辛苦苦拼湊而成。這本書有許多卓越之處。其中，羅德斯述說巧合、運氣和意料之外的遭遇在充滿人性的科學事業中扮演了重要的角色。一個極為關鍵的機緣就發生在一九五九年，當時有一名英國獸醫威廉．哈德洛 (William Hadlow) 湊巧看見在倫敦的惠康歷史醫學博物館所舉辦的照片展——蓋杜謝克的「庫魯病展」。哈德洛馬上看出庫魯病的臨床和病理照片跟綿羊癢病非常相似；綿羊癢病是一種致命的綿羊疾病，自十八世紀初就開始出現在英國和其他地方的孤立羊群之中（在這之前，這是中歐地區的地方性流行病，之後這種病又在一九四七年傳到美國）。哈德洛在寫給醫學期刊《刺胳針》(*The Lancet*)的信件中指出，綿羊癢病是會傳染的。蓋杜謝克曾想過庫魯病是否為一種傳染病，但是後來撤消了這個想法。現在，他不得不重新考慮這個可能性——或者該說，他不得不認清庫魯病肯定是一種傳染病，而且任何類似的人類疾病也幾乎可以肯定是具有傳染性的。為了透過實驗證明這點，他花了多年時間耐心從事這項艱困的研究，將被庫魯病和庫賈氏病感染的組織注射到猩猩體內，而這些疾病漫長的潛伏期更使這項工作困難重重。

這些疾病：庫魯病、庫賈氏病、綿羊癢病，以及致死性家族性失眠症和格斯特曼症候群（GSS）等各種罕病，全會不斷惡化、迅速致死，而且都會為大腦帶來極為嚴重的海綿變化、形成空洞，因此被集體稱作傳染性海綿狀腦病。這些疾病的致病因子非常難分離，比病毒還小，而且能夠在非常極端的狀況下存活，包括極度高溫和高壓，以及甲醛等化學物質和各種常見的殺菌流程。

細菌透過自身就能繁殖，病毒則會利用自己的遺傳物質破壞宿主的細胞，以進行複製，但是傳染性海綿狀腦病的致病因子完全看不出來含有任何RNA或DNA。這樣的話，該如何將它們分類，它們又是如何致病的？蓋杜謝克把這些致病因子取名為「傳染性類澱粉蛋白」（現在稱作「傳染性蛋白顆粒」，是由找出這種新式病原體而獲得諾貝爾獎的史丹利．普魯西納〔Stanley Prusiner〕所命名）。可是，如果傳染性蛋白顆粒不能像病毒那樣進行複製，那會如何繁殖傳播？我們必須設想一個全新型態的致病過程，跟生物複製不同，而是比較類似化學的結晶作用。微小的傳染性蛋白顆粒其實是正常存在的腦蛋白的偏差摺疊形式，具有構樣的成核功能，是再結晶的中心，會對周遭的結晶蛋白進行快速的轉變並擴張，冰或雪花的構樣便會出現這種成核現象。多年前，寇特．馮內果(Kurt Vonnegut)在著作《貓的搖籃》中曾這樣想像：有一片薄薄的物質把所有的水都轉變成無法融化的「冰晶」，導致世界走向末日。❶

傳染性蛋白顆粒的感染方式不是以入侵者姿態占據我們的體內，而是讓我們的腦蛋白出現擾動。我們的身體不會對傳染性蛋白顆粒做出發炎或免疫反應，是因為我們自己

❶ 傳染性蛋白顆粒起初被稱作「慢」病毒，後來又被稱作「非正規」病毒，但如果我們把它歸類為「病毒」或「具有活性」，那麼我們就得重新定義這兩個詞，因為傳染性蛋白顆粒從很多方面來看似乎都屬於全然結晶的世界（蓋杜謝克早期有篇文章的標題便是〈來自無機世界的「病毒」奇想〉）。

的蛋白無論正常或異常，都不會被免疫系統視為外來異物。傳染性海綿狀腦病之所以可能是地球上最致命的疾病，是因為有機體在面對自己的蛋白跟幾乎無法摧毀的傳染性蛋白顆粒結盟時，遭到推翻、無力反抗。傳染性海綿狀腦病在大自然中極為罕見，因為腦蛋白很偶爾才會出現隨機轉變（這似乎是每年全世界出現偶發庫賈氏病的機率總是只有百萬分之一的原因）。然而，某些文化習俗卻可能大幅改變現況，導致這類疾病迅速傳播，如食用人腦或是餵牲畜吃內臟或動物遺骸。

早期，人們常常認為庫魯病不過就像羅德斯說的那樣，是「稀罕的悲劇」，只會發生在地球另一端的石器時代食人族身上。但是，蓋杜謝克從一開始就堅稱，這種疾病具有更廣大的潛在性。蓋杜謝克和國家衛生院的人員在一九六八年證實，庫賈氏病跟庫魯病一樣，是一種傳染性海綿狀腦病，並警告這種病可能在進行外科手術或牙科治療時意外傳播。一九七〇年代初期便發生過這種意外，一次是透過角膜移植手術，還有幾次是透過神經外科手術。手術器械雖然有使用高壓滅菌，但仍具有傳染性。

在一九九〇年代，這種病的發生率大幅提高，主要發生在小時候打過人類生長激素（取自屍體的腦垂腺）的病患身上：約一萬一千六百名打過這種激素的人當中，至少有八十六人罹患了庫賈氏病，還好合成生長激素在一九八〇年代中葉問世，阻止了更進一步的災難。

約莫在同一個時期，英國牛隻開始出現一種新疾病，導致牠們做出怪異的行為、踉蹌，並迅速死亡。一般大眾將之稱為「狂牛症」，科學家則稱作牛海綿狀腦病。牛雖然一般來說並不是肉食動物，但漸漸地，人類開始餵牠們吃高蛋白的肉類和骨粉混合物。這種飼料是屠宰場的副產品，有時含有生病牛羊的內臟，因此可能也包括罹患綿羊癢病之綿羊的腦部組織。目前並不清楚究竟是因為這些牛吃了牛腦，使原本罕見隨機的疾病發生率變高了（就像富雷人吃了人腦那樣），還是綿羊的綿羊癢病傳染性蛋白顆粒跨越物種屏障，感染了這些牛。總之，餵食肉類和骨粉很快就造成了慘劇。

在一九九〇年代晚期的英國，有十幾位年輕人死於庫賈氏病的變體，很有可能是因為吃了染病的肉製品。這些病例的臨床表現包括初期的行為改變和不協調，讓人聯想到庫魯病，比較不像「典型」的庫賈氏病（病理方面的變化也是）。

但是，富雷人的情況顯示，疾病的潛伏期可能長達數十年，而在美國和其他地方，綿羊、水貂以及一些野生的鹿都帶有龐大的宿主量，畜牧業也持續使用肉類和骨粉餵食豬、雞和牛。就像蓋杜謝克所推論的，我們可能已經沒有未被傳染性蛋白顆粒感染的安全食物來源了。就連有機的蔬菜作物，有時也會使用肉類和骨粉廢棄物及動物的副產品作為肥料，食品、化妝品和藥品也普遍會使用動物脂肪和膠質。

現在，已有不少國家禁止這些做法。

一個瘋癲的夏天

麥可．葛林博 (Michael Greenberg) 在回憶錄的開頭寫道：「一九九六年七月五號，我女兒瘋了。」他完全沒有浪費時間鋪陳，他的回憶錄《心裡住著獅子的女孩》從第一句話就以近乎狂風暴雨的節奏迅速展開，呼應這本書所講述的事件。主角的躁症來得又突然又猛烈，數個星期以來，葛林博十五歲的女兒莎莉都處於亢奮的狀態，會一邊用隨身聽聆聽格連．顧爾德 (Glenn Gould) 的《哥德堡變奏曲》(*Goldberg Variations*)，一邊閱讀莎士比亞的十四行詩集直到清晨。葛林博寫道：

我隨手翻開那本書，發現一大堆令人眼花撩亂的箭號、釋義和圈起來的字。第十三首十四行詩看起來就像《塔木德》(*Talmud*) 的其中一頁，空白處寫滿密密麻麻的評註，原文就像頁面中間的一個小點。

莎莉也創作了一些很有希薇亞・普拉斯（Sylvia Plath）風格的奇特詩詞。這位父親偷偷看了這些詩，覺得內容很怪，但沒有想到女兒的情緒或活動可能是一種病。她從很小的時候就出現學習障礙，因此他認為她現在只是開竅了，第一次發揮自己的智識潛力。對一個天賦異稟的十五歲少女而言，這樣的高昂狀態是很正常的。但是，那只是看似如此而已。

在那個炎熱的七月天，她突然崩潰了，在街上對陌生人高談闊論，要他們專心聽她說話，還搖晃他們，然後她又突然衝進車陣之中，深信自己能夠單憑意志力使車陣停止（她的朋友反應很快，及時把她拉回來）。

羅伯特・羅威爾（Robert Lowell）在著作《生命研究》（*Life Studies*）未出版的草稿中，也描述了非常相似的經歷，就像「病態熱忱」發作一般：

> 被關起來的前一晚，我在印第安那州布隆明頓的街上跑來跑去……我相信我只要張開雙臂站在公路中央，就能讓車停下來，擁有癱瘓它們的力量。

躁症發作時，這種突然的危險亢奮舉動並不少見。

羅威爾在「熱忱」狀態中，幻想自己看見世界的邪惡，並把自己視為聖靈。某方面，莎莉也幻想世界出現類似的道德崩毀，看見周遭的人都失去或壓抑著神所賦予的「天才」，並認為自己肩負使命，必須幫助每個人重新找回這個與生俱來的能力。她的父母隔天問了她，才得知就是因為這樣的奇想，她才會激昂地跟陌生人起衝突，並做出怪異的行為，認為自己有特殊的能力。葛林博寫道：

她有一個幻覺。這是在幾天前發生的，當時她在布里克街的公園看見兩個小女孩在溜滑梯附近的木橋上玩耍。突然間，她看見她們的天才，那種小孩子自身擁有的無限才華，然後同時明白一件事，那就是我們全都是天才，而且這個詞所代表的意義一直都被曲解。天才不像他們希望我們相信的那樣，是幸運的人才擁有的；不，天才就跟我們對愛、對神擁有的感覺那樣，是我們這個人的根本。天才就是童年。造物主賦予我們生命的同時，也把這給了我們，但社會在我們還沒有機會依循與生俱來的創意靈魂帶來的衝動之前，就將它從我們的體內轟出去……

莎莉將她的幻覺說給公園的小女孩聽，據說她們都非常懂她在說什麼。接著，她走到布里克街，發現自己的人生完全轉變。韓式熟食店門口那些插在綠色塑膠花瓶裡的花朵、報刊商店櫥窗的雜誌封面、建築物、汽車等，全都變得鮮明無比，是她不曾想像過的。她說，那是「當下」的鮮明。一股能量湧進她整個人的核心。她可以看見事物隱含的生命力，那是使它們之所以是它們的細微才華、點滴匯集而成的天才。

但，最鮮明的是她經過的那些人臉上流露的悲慘。她試著向他們解釋她的幻覺，但他們卻匆匆離開。然後，她突然領悟了：他們本來就知道自己的天才，那不是祕密，但那樣更糟，因為他們的天才被壓抑了，就跟她自己的天才過去也遭到壓抑一樣。人類一切的苦難都是因為我們花了很大的力氣不讓天才浮出表面，重新掌握我們的人生。莎莉會領悟這點，是因為她在所有人之中獲選，要負責修正這些苦難。

莎莉慷慨激昂的新觀念雖然很令人吃驚，她的父親和繼母卻對她的說話方式感到更訝異：

我和帕特驚呆了，但是她說話的方式比她說話的內容還叫人震驚。一個念頭才從她的嘴裡衝出來，另一個念頭又搶著衝出來，導致字句堆疊在一起，毫無順序，一句話還沒有機會說出口，又被另一句話壓過。我們脈搏加快，竭盡全力吸收從她小小的身體灌注而出的龐大能量。她用手戳空氣、下巴往外頂……想要傳達的需要是如此強大，使她飽受折磨。每一個字都像毒素，她非得排出體外不可。

她說得愈久，就變得愈不連貫，而她變得愈不連貫，就愈急迫地想要讓我們理解她！看著她，我感到好無助，但她十足的活力也刺激了我。

把這稱作躁症、瘋癲或精神病都可以，總之這是大腦出現化學失衡的結果，但表現出來的形式是某種原始的能量。葛林博形容那就好比「面對大自然罕見的強大力量，例如猛烈的暴風雪或洪水，非常具有破壞力，同時令人震撼」。這種如脫韁之馬的能量，類似創意或靈感或天才的能量，的確就是莎莉感覺在自己體內洶湧的東西——不是疾病，而是健康的巔峰，是先前被壓抑著的深沉自我被釋放了。

這樣的矛盾就是十九世紀的神經學家休林．傑克森 (Hughlings Jackson) 所說的「超正向」狀態，雖然神經系統出現失序和失衡的現象，但表現出來的能量和狂喜卻讓人覺得健康狀況極佳。有些病患可能有辦法從中得出驚人的結論，我有一位病患便是如此。她是個非常年邁的老婦，罹患神經梅毒。九十出頭的她感覺自己愈來愈有活力，就對自己說：「妳感覺太健康了，一定是病了。」喬治．艾略特（George Eliot）也曾說自己感覺「健康得很危險」，之後便開始出現偏頭痛。

躁症是一種生物病症，但是感覺卻像是心理疾病、是種心理狀態。從這方面來說，這跟多種中毒現象類似。我在《睡人》提過的病患當中，有些在開始服用左多巴這種會在大腦裡轉變成神經傳導物質多巴胺的藥物之後，便出現非常大的變化。李奧納德．L變得特別狂躁，他當時寫道：「我的血液裡只要有左多巴，這世上就沒有什麼我辦不到的事。」他把多巴胺稱作「復活他命」，並開始把自己視為彌賽亞；他覺得這個世界被罪惡汙染，他是被召喚來拯救世人的；又有一次，他連續十九天幾乎沒睡，打出五萬字的自傳。另一名病患則寫道：「是因為吃了這個藥的關係，還是我有了全新的心理狀態？」

假如病患分不清「生理」和「心理」，他們可能更分不清「自我」和「非自我」。我的病人法蘭西絲．D在服用左多巴後變得愈來愈亢奮，難以相信內心滿溢的激昂情緒和怪異影像跟她「真正的自我」完全無關。她忍不住想：這些會不會來自非常深沉但先前遭到壓抑的某一部分自我？然而，這些病患跟莎莉不同，他們知道自己有在服藥，而且也看得到周遭有其他人發生類似的情況。

但這種事不曾發生在莎莉身上，沒有可以作為指引的經驗。她的父母跟她一樣感到困惑，甚至比她更困惑，因為他們不像陷入瘋狂的她那樣對這件事充滿自信。他們心想，是不是她吃了什麼？她會不會服用了迷幻藥或更糟的東西？若不是，是不是他們傳承了什麼基因給她？還是他們在她發育的某個關鍵階段做了什麼糟糕的事？她會不會其實一直都有這個傾向，雖然這個傾向觸發得非常突然？

我哥哥麥克在一九四三年十五歲時出現急性精神病，當時我的父母也問過自己這些問題。我哥哥看到處處都是「訊息」、感覺自己的思想被讀取或播放、不時會爆出一陣怪笑，並相信自己被移動到另一個「域界」。致幻藥物在一九四〇年代很少見，因此我那兩位身為醫師的父母心想，麥克會不會得到了某種引起精神病的疾病，像甲狀腺方面的問題或腦瘤？最後，他們發現我哥哥罹患了思覺失調症。以莎莉的例子來說，她的血檢和體檢顯示她並沒有任何甲狀腺、毒物或腫瘤方面的問題。她的精神病雖然是急性的，而且很危險（所有的精神病都有可能造成危險，至少對患者本身而言），但純粹「只是」躁狂性的。

人有可能出現躁狂（或抑鬱）的情況，卻沒有精神病，也就是不會有妄想或幻覺，跟現實脫節。但是，莎莉越過了那條線。在那炎熱的七月天，有某件事發生，導致她崩潰了。突然之間，她變了一個人，看起來不一樣，說起話來也不一樣。她的父親寫道：

「突然，我們之間的每一個連結點都消失了。」她叫他「父親」（原本是「爸」），說話的時候「使用緊繃的假音，好像在念背好的臺詞」；「平時溫暖的栗色眼睛變得空洞黑暗，彷彿上了一層漆。」

葛林博試著跟她說一些日常事務，問她會不會餓，要不要休息：

> 然而，每次我都再度證實她不一樣了。真正的莎莉好像被綁架了，取而代之的是一個霸占她身體的邪靈，像所羅門的邪靈那樣。古老的附身迷信！不然，還能如何理解這詭異的轉變呢？我跟莎莉變成十足的陌生人，沒有共通的語言。

打從古代，就有一些偉大的醫師寫到躁症的特殊屬性，並將它跟其他瘋癲形式加以區分。二世紀的希臘醫師阿萊泰烏斯（Aretaeus）清楚說明一個人可能交替出現亢奮和抑鬱的狀態；不過，不同形式的瘋癲卻要等到十九世紀精神病學在法國興起後，才會正式做出區別。在那個時候，「循環精神病」（即埃米爾．克雷佩林〔Emil Kraepelin〕後來所說的躁鬱症）才跟比較嚴重的「早發性失智」（即思覺失調症）區別開來。然而，醫學紀錄是外人寫的紀錄，因此永遠無法真正傳達當事者在罹患這些精神病期間實際發生的經歷；一手紀錄是無可取代的。

這種個人記述從以前到現在出版過不少本，其中我認為最棒的一本是約翰·卡斯坦斯（John Custance）在一九五二年出版的《智慧、瘋癲和愚蠢：一個瘋子的哲學》(*Wisdom, Madness and Folly: The Philosophy of a Lunatic*)。他寫道：

> 我得到的心理疾病……稱作躁鬱症，或更準確地說，是躁鬱精神病……躁狂狀態會帶來喜悅和令人歡愉的亢奮感，有時會達到極端的狂喜程度；抑鬱狀態則恰恰相反，會帶來悲慘和沮喪，有時更給人驚駭的可怖感。

卡斯坦斯三十五歲時第一次躁狂發作，之後二十年陸陸續續出現躁狂或抑鬱的狀態：

> 神經系統完全錯亂時，這兩種相反的心理狀態幾乎會無限增強。有時候，我覺得我的狀況彷彿是神特別設計出來的，要闡述基督教的天堂與地獄概念。它讓我明白，我的靈魂可能存在難以形容的內在平靜與喜樂，也可能存在難以想像的深沉恐懼和

絕望。

在我看來，正常生活和對「現實」的意識就像一塊狹長臺地，位於把兩個截然不同的宇宙區隔開來的「大分水嶺」頂端。分水嶺的一側是肥沃的綠坡，通往一個美妙的景觀，那裡有愛、喜悅以及無限美好的大自然和夢境在等著旅人；分水嶺的另一側是荒蕪的岩石坡，潛伏著無數個由扭曲的想像力造就而成的可怕事物，一路通往無底的深淵。

在躁鬱症的狀況下，這塊臺地實在是太狹窄了，很難在上面走動而不掉落。一旦開始掉落，周遭世界便出現難以察覺的轉變。有一段時間還能對現實保持某種程度的掌握，但是一旦真的掉下臺地，失去對現實的掌控，無意識的力量就接管下來，展開落入喜樂宇宙或恐怖宇宙一段看似無止盡的旅程，而且這趟旅程患者自己完全無法控制。

在我們這個時代，則有一位優秀又勇敢的心理學家凱．雷德菲爾德．傑米森（Kay Redfield Jamison）本身罹患躁鬱症，除了以這個主題出版重要的醫學專著（跟弗雷德里克．K．古德溫〔Frederick K. Goodwin〕合著的《躁鬱症》〔*Manic-Depressive Illness*〕），還撰寫了個人回憶錄《躁鬱之心》。她在回憶錄中寫道：

我第一次躁鬱症發作是在高三時，一旦開始發作，我很快便失去理智。起初，一切似乎輕而易舉，我像個瘋狂的黃鼠狼衝來衝去，腦袋裡有好多計畫和熱忱、專注在體育運動上、日復一日整晚熬夜、跟朋友出去、閱讀除了被釘起來的書本之外的所有書籍、在手稿上寫滿詩詞和劇作片段、為未來擬定完全不切實際的宏偉計畫。世界充滿歡欣和前景，我感覺很棒，不只很棒，我感覺棒透了！我覺得我什麼都做得到，沒有什麼難事。我的腦袋似乎非常清晰、專注無比，能夠在數學領域做出原本做不到的大躍進。但事實上，我的數學還是沒有進步。

然而，在那個時候，一切事物不但都說得通，還開始出現絕妙的宇宙關聯性。自然世界的法則令我興奮不已，我開始強迫朋友聽我講述這一切是多麼美妙。我對宇宙的網絡和美麗所擁有的見解並沒有使他們大為吃驚，他們倒是發現，聽我滔滔不絕地講這些事情是一件很累人的事……慢一點，凱……拜託，凱，慢一點。

最後，我的確放慢速度了。我完全停了下來。

傑米森把這次經驗跟後來發作的情形做了比較：

跟幾年後惡化迅速、完全失控的嚴重躁狂發作不一樣，第一次的輕度躁症只是真正躁狂發作輕柔可人的版本……持續時間短、很快就自我消耗殆盡，我的朋友或許感到厭煩，我則疲憊不堪、振奮不已，但那次並沒有過頭到令人擔憂。

傑米森和卡斯坦斯都有提到，躁症不只會改變思想和感受，還會改變感官認知。卡斯坦斯在他的回憶錄裡詳細列舉這些變化，有時病房的電燈就像「一種類似星星的明亮現象，散發出……最後形成燦爛眩目的圖樣」，臉孔似乎「發出某種內在的光芒，極為鮮明地顯示臉部特有的紋路」。卡斯坦斯在正常的情況下非常不會畫圖，但是躁狂發作時卻能畫得很好（這讓我想起自己多年前因為吃了安非他命出現輕躁症時，也有辦法做到同樣的事）；他所有的感官似乎都增強了：

我的手指變得靈敏許多。我基本上是個笨拙的人，字寫得非常醜，這時候字卻比平常寫得還要整齊許多；我可以創作版畫、畫圖、進行美化裝飾、完成剪貼等各種小巧的手作活動，而這些事平常都會讓我難以專注。我還察覺我的指尖有一種癢癢的感覺。

我的聽力似乎變敏銳了，我能同時聽到許多不同的聲音印象……無論是外頭海鷗的叫聲或病人的談笑聲，周遭發生的一切我都能充分感受到，卻又可以輕鬆專注在自己的事情上。

……假如我可以在一座花園自由走動，我應能比平常更感受到花香……就連普通的小草嚐起來也很美味，而像草莓或覆盆莓等真正的珍饈則會帶來令人欣喜若狂的感受，堪比神的食物。

一開始，莎莉的父母跟莎莉一樣，努力相信她亢奮的狀態是一件好事，不是表示生病。她媽媽以新紀元的方式解釋這一切：

麥克，莎莉只是在經歷某個階段，肯定是這樣的，這不是病。她是個非常有靈性的孩子……現在發生的一切是莎莉演進的必要階段，是通往更高境界旅程的一部分。

葛林博自己也用比較古典的方式做了類似的詮釋：

我也很想這樣相信……相信這是她的突破、她的勝利、她心智遲來的全盛期。可是，要怎麼區別柏拉圖的「神聖瘋癲」和一般的胡言亂語、熱忱和瘋狂、先知和「醫學上的瘋子」呢？

葛林博指出，這跟詹姆斯・喬伊斯和他罹患思覺失調症的女兒露西雅很像。喬伊斯表示：「她的直覺非常驚人，我擁有的任何一點天分火花都傳到她身上，在她的腦部點燃一團火。」他之後對貝克特說：「她不是胡言亂語的瘋子，只是一個想做太多事、想理解太多事的可憐孩子。」

可是，幾個小時後，莎莉的父母發現她確實出現精神病的症狀，已經完全失控了，便帶她到一間精神科醫院。一開始，莎莉並不排斥，認為那裡的護理師、照護員和精神科醫師會理解她的想法和訊息。但是，實際狀況很殘忍，跟她想的完全不一樣，她被給了鎮靜劑，關進上鎖的病房。

葛林博對病房的描述就像小說一樣豐富厚重，連角色也符合契訶夫法則，包括醫院的員工和其他病患。他看見一名極為不安、很顯然有精神疾病的哈西迪猶太教年輕人，他的家人不願意接受他生病的事實。他的哥哥說：「他只是達到了能跟神持續交流的狀態。」

醫院的人並未想要「理解」莎莉，她的躁症主要被當作一種醫學病症、一種腦部化學干擾來治療，需要以神經化學為基礎進行處理。藥物對急性躁狂患者來說非常重要，甚至可以救命，因為如果不加以治療，這種病可能導致虛脫和死亡。很可惜，對許多躁鬱症患者來說很有幫助的鋰鹽，對莎莉起不了作用，因此醫師必須仰賴強效鎮靜劑，才能壓制她的活力和狂亂，可是這卻讓她有一段時間呈現昏沉、漠然的狀態，並有帕金森氏症的症狀。她的父親看見十幾歲的女兒變得跟活死人一樣，跟看見她躁狂的時候同樣驚駭。

二十四天後，莎莉雖然仍有些妄想症，也還有在使用強效鎮靜劑，但已可以出院回家，接受小心（起初毫不間斷）的監控。出院後，她跟一位十分優秀的心理治療師蓮心建立起重要的關係，對方能夠把她當成正常人，試圖理解她的想法和感受。蓮心醫師作風直接，令莎莉卸下心防；她對莎莉說的第一句話是：「我敢說妳一定覺得自己體內住了一隻獅子。」

莎莉驚訝地問：「妳怎麼知道？」她原本的敵意瞬間消失。接著，蓮心聊起躁症──莎莉的躁症，好像那是她體內的某種生物、另一種存在：

蓮心靈巧地在莎莉旁邊的候診區椅子上坐下來，以女人之間的交心口吻告訴她，躁症（她提起躁症時，彷彿那是一個獨立的個體，她們兩人共同的熟人）是一個很喜歡奪取注意力的東西，追求刺激、行動，想要不斷茁壯，為了活下去什麼都做得出來。「妳有沒有遇過一種朋友，她很令人興奮，讓人想跟她在一起，可是她卻使妳災難連連，導致到最後妳希望妳們從來沒見過？妳知道我說的那種人，就是想要走得更快、總是想要更多的那種女孩，她總是先顧自己，讓其他人遭殃……我只是在比喻躁症到底是什麼：她是一個貪婪卻又很有魅力的人，假裝成妳的朋友。」

蓮心試著幫助莎莉釐清精神病和她真正的自我，讓她跳脫出精神病的框架，看清她和精神病之間那個複雜又模稜兩可的關係（她嚴厲地說精神病「不是自我的一部分」）。她也這樣對莎莉的父親說，因為莎莉如果要變好，他也必須理解這些。她強調，精神病具有一種魅惑的力量：

莎莉……不想要被孤立，她的衝動是向外的，我可以告訴你這是非常好的消息。她渴望被理解，而且不只是被我們理解，她也想理解自己。當然，她還對自己的躁症有依戀性，她記得這段經歷帶來的強烈感受，盡全力要維持那種感受。她認為自己如果放棄了，就會喪失她以為自己獲得的強大能力。這其實真的很矛盾：腦袋愛上了精神病。我稱這叫「惡魔的誘惑」。

這裡有個關鍵詞「誘惑」，也是愛德華．波德沃爾（Edward Podvoll）講述心理疾病本質與治療的精采著作《瘋狂的誘惑》（*The Seduction of Madness*）所使用到的詞彙。精神病——尤其是躁狂——為何如此誘人？佛洛伊德說所有的精神病都是一種自戀失調，因為患者會覺得自己是世界上最重要的人，被選來擔任一個獨特的角色，無論是彌賽亞、靈魂的救贖者，抑或是宇宙迫害、譴責、嘲弄和貶低的對象（抑鬱或妄想精神病會發生的狀況）。

然而，就算沒有這種救世主的感覺，躁症也可能讓人充滿巨大的愉悅感、乃至於狂喜，而這一切強烈的感受可能讓人難以放棄。因此，雖然卡斯坦斯知道這樣很危險，某次躁狂發作時仍選擇不吃藥、不就醫，而是去接受它，在東柏林進行了一趟十分冒險、類似詹姆斯．龐德的探險活動。毒蟲或許也是想要追尋類似的強烈感受，尤其是那些對古柯鹼或安非他命等興奮劑成癮的人。因為毒品而亢奮，之後很有可能也會情緒崩垮，就像躁狂之後通常會抑鬱一樣。兩者可能都是因為多巴胺等神經傳導物質在腦部刺激過度的獎賞系統裡造成了虛脫的情形。

葛林博持續觀察，發現躁症並不完全是令人愉悅的。他說到莎莉的「冷酷的火球」、「可怕的浮誇」，以及她被困在躁症「空虛的活力」之中是多麼焦慮脆弱。當一個人上升到躁症可以達到的過高境界時，他會跟一般的人類關係、人類範疇完全隔絕，雖然這樣的孤立感可能被為了防衛而表現出來的傲慢或浮誇所掩飾。這便是為何蓮心認為莎莉真心渴望接觸他人、渴望理解和被理解，其實是一個好的徵兆，顯示她正慢慢恢復健康、回到這個世界。

如同蓮心所說，精神病不是自我的一部分，而是一個人暫時脫離自我軌道的現象。可是，像躁鬱症這種改變心理狀態的慢性或復發疾病，一定會影響一個人的自我，變成一個人心態或思維的一部分。傑米森寫道：

畢竟，這不只是一種病，還會影響我生命的每一個層面，包括我的情緒、我的性情、我的工作，以及我遭遇每件事時所做出的反應。

精神病也不全然是不幸。雖然傑米森同意抑鬱一點好處也沒有，但是她確實感覺，躁狂症和輕躁症如果沒有太失控，在她的生命中可發揮非常重要、有時甚至正面的影響。她在著作《被火碰觸：躁鬱症與藝術性格》(*Touched with Fire: Manic-Depressive Illness and the Artistic Temperament*)這本書中便提供許多證據，引用許多似乎跟躁鬱症共處得還不錯的偉大藝術家，如舒曼、柯勒律治、拜倫和梵谷等，顯示躁狂和創意可能存在著關聯。

在莎莉住院期間，她的父親向精神科住院醫師詢問病情。住院醫師說：「莎莉的狀況可能之前已經累積一陣子了，不斷增強力量，直到最後她再也無法承受。」葛林博問她的「狀況」指的是什麼。對方回答：「此時，那叫做什麼並不重要。她雖然符合很多第一型躁鬱症的標準，但十五歲就爆發猛爆性躁狂症，是相對早的年紀。」

過去幾十年來，開始有人使用「雙極性情感疾患」這個詞，傑米森認為部分原因是這不像「躁鬱症」給人的感覺那麼汙名化。但她也告誡：

將情感疾患分成雙極或單極等於是假定憂鬱症和躁鬱症有所區別……但是這並不總是那麼明顯，也沒有科學證據支持。同樣地，這暗指抑鬱整齊地存在於一極，躁狂則秩序井然地存在於另一極。這樣的兩極化……跟我們所知的波動起伏大的躁鬱症完全相悖。

除此之外，很多控制失調都會出現「雙極性」，例如僵直症和帕金森氏症，患者喪失了正常的中庸狀態，在過動與無動的狀態之間交替。連糖尿病之類的代謝疾病都可能在血糖極高和血糖極低這兩種極端的狀態之間動盪，因為複雜的自動調節機制被破壞了。把躁鬱症當成一種會從一極變化到另一極的雙極性疾病很可能誤導人，這其中還有一個原因。克雷佩林一百多年前寫到「混合狀態」，指的是同時擁有躁狂和抑鬱這兩種元素、兩者密不可分的狀態。他說到「這兩種看似相反的狀態有深層的內在關係」。

我們雖然有「兩極化」這種說法，但是躁狂和抑鬱的兩個極端卻非常靠近，讓人忍不住納悶抑鬱會不會其實是躁狂的一種形式，反之亦然（克雷佩林把這種躁狂和抑鬱的動態概念稱作「臨床一體性」，從鋰鹽可同時對兩種狀態發揮作用這點便能看得出來）。葛林博描述這種矛盾的情形時，經常使用令人吃驚的矛盾修辭法，例如他會說莎莉「在陷入反烏托邦的躁狂狀態時」，有時會感覺到「深不可測的高昂」。

葛林博寫到，七個星期後，莎莉終於從躁症的高度瘋狂之中回歸正常，那幾乎就跟當初她發作的時候一樣突然：

我和莎莉站在廚房。我一整天都跟她一起待在家，忙著寫尚—保羅的稿子。我問她：「妳想喝杯茶嗎？」「好啊，我想喝，謝謝。」「加牛奶？」「好的，還有蜂蜜。」

「兩匙？」「是的，我來倒蜂蜜，我喜歡看著蜂蜜從湯匙滴落。」她的語氣引起我的注意。她聲音的語調毫不緊繃且直接、慎重，並帶有我這幾個月不曾聽過的溫暖。她的眼睛變柔和了。我告訴自己不要被騙了，可是她的轉變無庸置疑……就好像奇蹟發生了。正常狀態、普通存在的奇蹟……

整個夏天我們彷彿都活在童話之中，一個美麗的女孩變成一顆昏沉的石頭或魔鬼，脫離她的親朋好友、語言、她曾精通的一切。然後，咒語突然解除，她甦醒了。

經歷了瘋狂的夏天後，莎莉回到校園，雖然心情很焦慮，但決心要重拾自己的生活。一開始，她沒有跟別人說自己生病了，享受著班上三個好友的陪伴。她的父親寫道：「我常聽她們講電話，她們很親密、說話辛辣、會聊八卦，聽起來充滿活力與健康。」開學幾週後，莎莉跟父母討論了很久，決定告訴朋友自己有精神病：

她們馬上接受了這個消息。在精神科病房住過，變成一種身分地位，好像擁有某種資格似的，因為她去過她們沒去過的地方。這變成她們之間的祕密。

莎莉的瘋癲結束了，有的人或許會希望這就是故事的尾聲。然而，週期性是躁鬱症的定義之一，而在這本書的後記，葛林博表示莎莉後來的確又有發作兩次：一次是她四年後念大學時，一次是第二次發作的六年後（當時她停藥了）。躁鬱症沒有「解藥」，但是透過藥物、認識與理解（減少失眠等壓力源、留意躁狂或抑鬱的前兆）以及諮商和精神療法，患者有可能可以好好跟躁鬱症共處。

《心裡住著獅子的女孩》跟凱．雷德菲爾德．傑米森和約翰．卡斯坦斯的回憶錄一樣，充滿細節、深度、豐富與智慧，將來必會被視為這個類別的經典著作。但這本書獨特的地方在於，它有相當多內容是從一位極其開放敏銳的父親的視角寫成的，他從來不會陷入多愁善感的情懷，且具有了不起的洞察力，可洞悉女兒的想法和感受，還擁有一種少見的能力，能為幾乎難以想像的心理狀態找到意象和譬喻。

詳細記錄病患的生命以及他們的脆弱面和疾病，並加以出版，會觸及很敏感的道德議題，充滿各種問題和困難。莎莉對抗精神病的經歷，難道不是她自己的私事，除了她自己（還有她的家人和醫師）之外，與他人無關嗎？她的父親怎麼會想把女兒的辛苦和一家人的苦難公諸於世呢？莎莉青少年時期遭遇的折磨和亢奮狀態被公開，她會有什麼感受？

這對莎莉和她的父親而言，都不是能夠快速或輕易決定的事。葛林博並沒有在女兒一九九六年精神病發作期間提筆寫下這一切，而是等待、沉思，讓這段經歷慢慢在心中沉澱。他跟莎莉進行了漫長的探索與討論，過了十幾年之後，才感覺自己應該具有《心裡住著獅子的女孩》所需要的平衡、觀點與口吻。莎莉也漸漸感覺到這點，便鼓勵他寫下她的故事，而且要使用真名，不要偽裝。這是個非常勇敢的決定，畢竟任何類型的心理疾病至今仍背負許多汙名和誤會。

這些汙名影響了許多人，因為躁鬱症存在於所有的文化，每一百人當中至少有一人羅患。全世界隨時都有數百萬人可能必須面對莎莉遭遇過的事情，有些人甚至比她還年輕。《心裡住著獅子的女孩》思路清晰、實事求是、富有同情心且充滿啟發性，可以為那些不得不探索靈魂黑暗處的人提供某種指引。他們的家人和朋友，以及所有想要了解自己所愛的人正在經歷什麼的人，也會需要這個指引。

說不定，這本書也能提醒我們，每個人其實都行走在一條很狹窄的正常狀態分水嶺上，一邊是躁狂的深淵，一邊是抑鬱的深淵。

精神病院遺失的美好

我們通常會把精神病院想成虎穴，是混亂、悽慘、骯髒、殘酷的地獄。現在，大部分的精神病院都已經關門大吉，成為廢墟，我們想到曾經被關在裡面的人所遭遇的恐怖經歷，總會不寒而慄。因此，能閱讀安娜．阿格紐（Anna Agnew）這位在一八七八年被判定發瘋（在那個時代，這些是由法官、而非醫師決定的）關進印第安那瘋人院的病患所寫的文字，是很有助益的。安娜在入院前曾多次狂亂地想要自殺，並試圖用鴉片酒殺死自己的小孩。把她關在精神病院裡面保護起來、使她的瘋狂獲得承認時，她感覺鬆了一大口氣。她之後寫道：

> 我住進精神病院還不到一週，就感受到比前一整年還大的滿足感，並不是因為我安於這樣的生活，而是因為我不快樂的心理狀態有人理解，我也受到相對應的治療。此外，我周遭都是心理狀態同樣困惑不滿的人，他們的悲慘境遇……我發現我很有

興趣，我的同理心被激發了……同一時間，我也被當成發瘋的女人善待，之前不曾有人對我釋放這樣的善意。

黑斯特醫師是第一個好心到聽見我問「我是不是瘋了？」這個問題時，願意對我說「是的，女士，而且瘋得不輕！」的人……他接著說：「但是，我們希望盡我們所能為妳帶來好處，我們希望把妳侷限在這個地方。」有一次，我聽到他斥責一個粗心的照護員：「我對印第安那州的政府發誓要保護這些不幸的人。我是三百多名女性的父親、兒子、兄弟和丈夫……我會確保她們受到妥善的照顧！」

安娜也說，這些內心混亂不安的人能待在有秩序且可預測的精神病院環境，是非常重要的（露西．金〔Lucy King〕在其著作《七尖塔的白雲下》〔*From Under the Cloud at Seven Steeples*〕也有提到這點）：

這個地方讓我想到一座大鐘，其運作非常規律平順。這裡的體制很完美，菜單美味多變，跟在任何一個井然有序的家庭一樣……我們會在八點鐘電話響起時就寢，一小時後，整個龐大的建築物……都變得黑暗且安靜。

精神病院從前被稱作「瘋人院」，英文是"asylum"，原意為避難所、保護和庇護所，《牛津英語詞典》的定義是：「為受苦、不幸或貧困的人提供住所和援助的慈善機構。」至少從西元四世紀開始，修道院和教堂就是這樣的地方。之後，世俗機構也加入這個行列，歐洲的痲瘋病患因為黑死病和用來收容窮人、病患、瘋子和罪犯的痲瘋病院（現在都已停止營業）開始出現的緣故，基本上完全消失（這是米歇爾·傅柯〔Michel Foucault〕提出的主張）。厄文·高夫曼(Erving Goffman)在他的知名著作《精神病院》中，把這些全部歸類為「全控機構」：在這些地方，職員和院民之間有著無法跨越的隔閡；嚴格的規範和角色排除了任何夥伴情誼或同理心的可能性；院民喪失所有的自主、自由、尊嚴和自我，淪為體制裡的無名符碼。

高夫曼一九五〇年代在華盛頓的聖伊莉莎白醫院從事研究時，情況確實如此，至少很多精神病院都是這樣。然而，十九世紀初期和中葉，決定在美國創立許多間瘋人院的高尚公民和慈善家，本意並不是要創造這樣的體制。當時缺乏心理疾病專用的藥物，因此「道德治療」（不針對病患腦部運作有問題的部分，而是針對整個人及其身心健康的潛力所進行的治療）被認為是唯一人道的選項。

這些早期的州立醫院通常都蓋得十分富麗堂皇，有挑高的天花板、宏偉的窗戶和空曠的戶外場地，提供了充足的光線、空間與新鮮空氣，並搭配運動和多樣飲食。大多數的精神病院大體上都自給自足，會種植和飼養自己大部分的糧食。病患會在田地和牧場上工作，因為工作被視為一種很重要的療法，同時又能支持醫院。群體和夥伴關係對病患來說也很重要，甚至是必要的，不然他們只會一直關在自己的內心世界，受到各種偏執和幻覺所影響。員工和身邊其他病友承認並接受他們的瘋狂，也是關鍵之一（安娜·阿格紐說這是極大的「善意」）。

最後，倘若回到「瘋人院」的原意，可以知道這些醫院能為病患提供控制和保護，除了讓他們不會衝動行事（他們可能出現自殺或殺人的意圖），也讓他們遠離外在世界的嘲弄、孤立、惡意或暴力。精神病院能給他們一個擁有特定保護與限制的生活，這樣的生活雖然可能比較簡化狹隘，但在這個保護傘下，他們可以自由發瘋，有的病患還能熬過自己的精神病，從深谷之中重返人間，變得更理智穩定。

不過，整體而言，精神病院的患者通常會在裡面待上很長一段時間。在這段期間，他們不會為將來回到外面做準備，而且關在精神病院多年以後，院民某種程度上可能會「機構化」，再也不想或再也無法面對外面的世界。患者常常會在州立醫院住上幾十年，並在院內離世（每間精神病院都有自己的墓園）。達比·彭尼（Darby Penney）和彼得·斯

塔斯特尼 (Peter Stastny) 在著作《他們留下的人生》(*The Lives They Left Behind*) 中以相當細膩的筆觸重建了這些院友的人生。

在這些情況下，精神病院的人口不可避免地愈來愈多，本來就很龐大的精神病院變得跟一座小鎮一樣。例如，長島的朝聖者州立醫院曾經收容過將近一萬四千名病友。在病友數量這麼龐大、資金又不足的情況下，州立醫院自然無法達到最初的理想。到了十九世紀晚期，這些地方早已因為環境髒亂、員工怠忽職守而惡名昭彰，經營者也盡是一些無能、貪腐或性格殘酷的官僚。這樣的情形一直持續到二十世紀前半段。

紐約皇后區的克里德莫爾州立醫院也曾經歷過類似的演化（或者該說是退化）。這間醫院在一九一二年成立時，稱作布魯克林州立醫院農場殖民地 (Farm Colony)，作風非常低調，秉持著十九世紀精神病院的理念，希望提供院民空間、新鮮空氣和務農工作。可是，克里德莫爾的人口愈來愈多，到了一九五九年已經達到七千人。蘇珊．希恩 (Susan Sheehan) 在一九八二年出版的《這世上沒有我的容身之處嗎？》(*Is There No Place on Earth for Me?*) 便說到，這裡在很多方面漸漸變得跟其他州立醫院一樣骯髒、擁擠、人手不足。然而，原本的菜園和牲畜仍保留著，為一些病患提供了重要的資源，讓他們可以照顧動植物，儘管他們可能心理過於失常或矛盾，沒辦法跟其他人維繫關係。

克里德莫爾除了體育館、游泳池及配有乒乓球和撞球桌的娛樂室，還有一間劇場和電視工作室，病患可以在自己的戲劇中進行製片、執導和演出，就像薩德侯爵（Donatien Alphonse François de Sade）在十八世紀進行創作的劇院那樣，能讓病患用有創意的方式表達自己的擔憂與困難。音樂很重要（那裡有一個病患組成的小型交響樂團），視覺藝術也是（今天，即使這間醫院大部分的區域都已關閉式微，克里德莫爾卓越的生活博物館依然提供病患繪畫和雕塑所需的材料和空間。生活博物館的其中一位創辦人亞諾什．馬頓〔Janos Marton〕說這是藝術家的「受保護空間」）。

這裡還有大型的廚房和洗衣間，跟菜園和牲畜一樣，為許多病患提供了工作和「工作療法」，讓他們有機會學習日常生活技能。若非如此，因為心理疾病而退縮的病患可能永遠無法習得這些事物。此外，院內也有很棒的公共餐廳，可強化群體和夥伴情誼。

所以，縱使在一九五〇年代州立醫院的狀況這麼差的時候，精神病院的某些優點依舊存在。即便是在最糟的醫院，也找得到一定的人道精神，找得到真實人生與善意。

特定的抗精神病藥物也在一九五〇年代問世，這些藥雖無法「治好」精神病，但至少可以緩解或壓抑症狀。這些藥物的出現讓人們更加相信，住進精神病院不一定要受到監護，也不一定是終身的。倘若短暫住院就能「攻破」精神病，讓病患回到自己的社區，之後靠藥物穩定病情、由門診進行監測，那麼精神病的預後和心理疾病的整個自然史或許就能出現轉變，精神病院龐大絕望的人口也能大幅減少。

在一九六〇年代，有幾間專門收治短期病患的州立醫院基於這個前提成立了，布隆克斯州立醫院（Bronx State Hospital，今日的布隆克斯精神科中心）便是其中一間。布隆克斯州立醫院在一九六三年開始經營時，有一位天賦異稟、很有遠見的院長，員工全都經過精挑細選。然而，雖然這間醫院定位前衛，卻因為先前那些老舊的醫院一一關閉，而必須接下它們龐大的病患數量。我從一九六六年開始在那裡執業，那些年看過了數百個這樣的病患，很多人的成年生活大部分都在醫院裡度過。

布隆克斯州立醫院跟其他類似的醫院一樣，病患照護的品質非常良莠不齊，有的病房很好，甚至堪稱模範，醫師和照護員都很善解人意，但是有的病房也很差，甚至糟糕透頂，醫護人員不但疏於照顧，態度還很殘酷。我在布隆克斯州立醫院執業二十五年，兩種病房都有看過。不過，我也記得有些病患不再有暴力傾向或住在上鎖的病房後，會祥和地在院區閒晃、打打棒球，或者去聽音樂會和看電影。他們跟克里德莫爾的患者一樣，可以創作自己的戲劇，也會到醫院的圖書館靜靜看書，或到休閒室閱讀報章雜誌。

令人難過且倍感諷刺的是，一九六〇年代我開始在那裡工作後不久，病患的工作機會就因為保護病人權利的主張而全面消失。人們認為，要病患在廚房、洗衣間、菜園、有遮蔽的工作室做事，是一種「剝削」。基於病患的權利、而非他們真正的需求，就將工作這件事變成非法，導致許多患者失去了一項重要的療法，無法從中獲得動力和經濟社會層面的身分認同。工作可達到「正常化」的效果、創造社群、讓病患脫離唯我論的內心世界，因此終止工作會導致士氣極度低落。對於原本很享受工作和活動的病患來說，他們現在只能像殭屍一樣，坐在永遠不會關掉的電視機前面。

去機構化運動在一九六〇年代展開時規模很小，但到了一九八〇年代卻聲勢兇猛，雖然到了那個時候，已經可以明顯看出這帶來的問題並沒有比解決的問題少。龐大的無家人口、每一座大城市都看得到的「路邊精神病患」，充分證實了沒有一座城市擁有適當的精神科診所和中途之家網絡，也沒有恰當的基礎設施可以應付數十萬名遭到僅存的州立醫院拒收的患者。

帶動這波去機構化浪潮的抗精神病藥物，往往不如人們原本希望的那樣能夠帶來奇蹟。這些藥或許能減輕心理疾病的「積極」症狀，像是思覺失調症造成的幻覺和妄想，但它們無法消除有時比積極症狀帶來更多阻礙的「消極」症狀，包括對人事物無感、被動、缺乏動力、無法同理他人等，甚至，這些藥物一開始的使用方式也會降低病患的體力和活力，造成無感；有時候，這些藥物還會出現令人難以忍受的副作用，像是帕金森氏症和遲發性運動障礙等，停藥後仍會持續好幾年。有時，病患不願意放棄自己的精神病，因為精神病讓他們的世界有了意義，使他們在自己的世界位居中心，所以病患不吃醫師開的抗精神病藥物是很常見的。

因此，很多給了抗精神病藥物後出院的病患，在幾週或幾個月之後又得重新住院。我看過很多這樣的病人，他們都跟我說：「住在布隆克斯州立醫院不像郊遊，但是絕對比在街上挨餓受凍或在龍蛇雜處的地方被人砍殺還要好。」醫院再怎麼樣也能提供保護和安全——換句話說，就是提供庇護所。

到了一九九〇年，可以清楚看出整個體制顯然是反應過頭，州立醫院集體關閉的速度太快，沒有推出任何適當的配套措施。州立醫院不必集體關閉，而是需要解決病患過多、人員不足、疏忽大意與不當對待等問題。化學方法雖然有必要，卻是不夠的。我們忘了精神病院良好的一面，又或者我們覺得自己已經負擔不了這些優點的費用，如寬闊的空間、社群感、工作玩樂的地方以及社會和職業技能的學習，也就是州立醫院為了提供一個安全的避風港所需配置的設施。

我們絕不能對精神病或關著精神病患的精神病院存有過於浪漫的想像。在躁狂、浮誇、妄想和幻覺的表象之下，心理疾病其實具有深不可測的悲傷，這反映在舊州立醫院富麗堂皇但惆悵哀傷的建築本體。從攝影師克里斯多福．佩恩（Christopher Payne）的作品《精神病院》（*Asylum*）裡的照片便能看出，這些沉默而令人心碎的建築廢墟以不同的方式呈現出一股淒涼感，除了證實患有嚴重心理疾病的人內心的痛苦，也見證了為了減輕這些痛苦而成立、曾經充滿英雄主義的建築。

佩恩是一位視覺詩人，受過建築師訓練，他花了多年時間尋找、拍攝這些建築物，發現這些建築物時常令當地居民感到自豪，是以人道方式照顧不幸之人的強大象徵。他的攝影作品本身就很美，同時也為一種不復存在的公共建築類型致上敬意。這些照片把焦點放在宏大和平凡的面向、雄偉的門面與剝落的油漆。

佩恩的照片極為哀傷，或許對曾在這種地方工作生活，看見這裡住滿人且充滿生命力的人而言更是如此。這些淒涼的空間讓人想起曾經住在這裡的那些生命，所以在我們的想像中，空蕩蕩的餐廳似乎又再次擠滿了人，有著高大窗戶的寬敞休閒室也跟從前一樣，再次坐滿靜靜讀著書、睡在沙發上或單純盯著空氣發呆（他們完全可以這麼做）的病患。這些地方不僅使我想起病患混亂狂暴的生活，也讓我想起受到保護的那種特殊氛圍。如同安娜·阿格紐在她的日記中所寫的，在這裡，病患可以瘋狂卻又安全，他們的瘋癲雖然找不到解藥，卻保證找得到認可與尊重，以及重要的夥伴情誼和群體感。

那麼現在的情形呢？現在還存在的州立醫院幾乎空了，僅剩過去數量的一小部分。還住在裡面的院民大部分都是對藥物沒有反應的慢性精神病患，或是不能安心讓他們留在外面的暴力患者。所以，絕大多數的心理疾病患者都不住在精神病院，有些人獨居或跟家人同住，會定期到門診回診，有些則住在會提供房間、一至多餐以及醫師開立藥物的「中途之家」。

這類寄宿機構品質參差不齊，但就算是品質最好的中途之家——例如提姆·帕克斯 (Tim Parks) 評論傑·紐格博倫 (Jay Neugeboren) 關於患有思覺失調症的弟弟的著作《想像羅伯特》(*Imagining Robert*)，以及紐格博倫評論艾琳·薩克斯 (Elyn Saks) 的思覺失調症自傳《不穩的中心》(*The Center Cannot Hold*) 時提到的那些機構，病患也可能感覺孤立無援，在最糟的狀況下還會難以獲得他們可能需要的精神科建議和諮商[1]。過去幾十年來有新一代的抗精神病藥物問世，藥效更好，副作用也較少。然而，過於強調思覺失調症的化學模型和純粹的藥物治療方法，可能會讓病患難以擁有心理疾病核心的人類與社會經驗。

紐約有一個十分重要（尤其是在去機構化之後）的精神病院「噴泉之家」(Fountain House)，它成立於一九四八年，在西四十七街為整座紐約市的心理疾病患者提供了「俱樂部會所」。他們可以在這裡自由來去、認識其他病患、一起共餐，還有最重要的——利用相關的資源和人脈找到工作和公寓、接受進階教育、釐清健保體系等。很多城市現在都有成立類似的會所，這些俱樂部會所有專職的員工和志工，但是他們非常依賴私人捐款，因為公部門的經費相當不足。

距離安特衛普不遠的法蘭德斯小鎮赫爾，也是很好的範例。赫爾是一個非常獨特的

[1] 艾琳·薩克斯童年時期就罹患思覺失調症，現在是麥克阿瑟基金會的會員，也是南加州大學顧爾德法學院的教授，擅長心理健康與法律。

社會實驗——如果已經持續七百多年、當初以自然隨機的方式出現的事物可以用「實驗」這個詞形容的話。根據傳說，七世紀時有一位愛爾蘭國王的女兒狄姆芙娜 (Dymphna) 為了逃離對她意圖不軌的父親，便逃到赫爾，結果國王在盛怒之下將她斬首。她在赫爾被當成瘋子的主保聖人敬拜，她的祭壇很快就吸引歐洲各地的心理疾病患者前來朝聖。到了十三世紀，這個法蘭德斯小鎮的家庭已敞開家門和心門讓心理疾病患者寄宿，這個風俗一直延續至今。幾百年來，赫爾的家庭已經很習慣接受或收養寄宿者；在農業時代，這些「客人」是很受歡迎的勞力來源。

如今，這個傳統已經漸漸式微，雖然這些家庭現在可以拿到一筆政府補助。不過，當一個家庭（通常是子女還小的夫妻）準備接受客人時，他們絕不會過問客人的精神病狀況或診斷。客人被當成個體進入這個家庭，如果雙方關係發展得很好（大部分的時候都是），客人就會變成重要的家庭成員，就像一個備受喜愛的阿姨或叔叔那樣。他們可能會協助養育東道主的小孩或孫子，或是幫忙照顧長輩。

人類學家奧金．羅森斯 (Eugeen Roosens) 已經深入研究赫爾超過三十年，在一九七九年首次發表他的觀察結果《體驗小鎮生活的心理病患：赫爾——歐洲的第一個治療性社群》(*Mental Patients in Town Life: Geel—Europe's First Therapeutic Community*)。他和他的同僚麗芙．范德．瓦勒（Lieve Van de Walle）寫到，赫爾「是中世紀的殘遺，不只充滿快樂，更是獨一無二」。這裡的體制至少經過兩次根本性的轉變，才得以繼續實行下去。第一次改革，是比利時政府在赫爾引進了醫療督導制度，並在一八六一年蓋了一間醫院，這樣一來，假如情況變得太過棘手，寄宿家庭無法應付，寄宿者可以尋求治療。有了醫院及其專業員工——精神科醫師、護理師、社工和心理治療師——提供的協助和（必要時的）醫療照護，赫爾持續蓬勃發展，一次世界大戰前曾一度接待了數千名心理病患。

第二次轉變發生在過去這五十年，赫爾的醫護人員發揮的影響力顯著提升。白天時，超過半數的患者可以離開家中，在心理治療師和社工的監督下參與工作或活動。不知是刻意或湊巧，日間照護興起時，剛好也有愈來愈多寄宿家庭改做非農業相關的工作，導致在家工作的人愈來愈少。

因此，赫爾現在已經演變成一個雙層體系，但是以前那個體系仍有一些要素沒有改變。羅森斯和范德．瓦勒表示，其中最主要的是：對病患像親屬般表現出最大程度的包容與融合、赫爾整體社會環境的善意、對病患內在侷限的接受、寄宿者和寄宿家庭之間強大的情感連結、對彼此堅韌的忠誠、下一代對寄宿者根深蒂固的責任感。[2]

幾年前我造訪當地，看見住客在街上漫步、騎腳踏車、閒聊、在商店工作。若不是因為接待我的人在醫院工作，認識他們每個人，可以一一指出來給我看，我絕對猜不到他們是寄宿者（只有他們偶爾的怪異習慣和行為能給我一點線索）。在廣大的世界裡，罹患心理疾病的人往往會被孤立、汙名化、閃躲、懼怕，不被當成完整的人類。但在這個小鎮，他們被當成同類尊重、帶著情感和關愛善待，就跟其他人一樣。

我問了幾個寄宿家庭他們為什麼要歡迎這樣的住客，他們似乎不太理解這個問題。

---

❷ 羅森斯和范德．瓦勒本身也是這個社區的成員，屬於赫爾日常生活的一部分，所以他們才能夠詳細描繪十九個家庭和他們的寄宿者，有的人羅森斯更是觀察了好幾十年。這些家庭和他們的客人有著各種不同的情形，有的很快樂，東道主和寄宿者非常關愛彼此，但也有的寄宿家庭遇到「棘手」的客人（赫爾人會說寄宿者「很好」，偶爾也會說到有些寄宿者很「棘手」，但絕對不會說他們「很糟」或「很瘋」），導致寄宿處境完全瓦解。羅森斯指出，即使客人存在非常嚴重的精神病問題，當「雙方發展出溫暖的情誼（通常都會如此），寄養人也願意付出極大的包容心」。

這十九個個案研究非常豐富詳盡，是極為寶貴的一手文獻。這些案例跟這本書的其他內容一起駁斥了心理疾病只會不斷進展惡化的觀念，並證實只要能夠有效融入家庭和社群生活（背後要有醫院、專業人員和獲准藥物組成的安全網），就連那些看似完全無藥可救的病患也有希望過著充實、有尊嚴、被愛且安全的生活。

為什麼不要呢？他們的父母和祖父母都接待過這些客人，這在這裡是一種生活方式。赫爾的人可能知道自己的鄰居是個住客，擁有某種心理問題，但是這件事似乎不會帶來任何汙點；這只是一個單純的事實，沒什麼了不起，就像性別是男是女一樣。

羅森斯和范德．瓦勒寫道：

> 對赫爾的居民而言，「病患」和一般人之間的界線很多方面來說是不存在的。外面的世界對心理疾病有著強烈的偏見，但是這在赫爾人身上卻找不到，因為他們世世代代以來就跟病患相處。赫爾不同凡響的地方不是正常與不正常之間的界線很模糊，而是每位病患的人類尊嚴都受到認可，因此他們每一天都有機會過著家庭與社區生活。

十九世紀初，法國的精神病學之父菲利普．皮內爾（Philippe Pinel）呼籲新成立的革命政府砍斷數世紀以來用來束縛瘋人的枷鎖（這往往是指真的鐵鍊），歐洲吹起一股人道風潮，赫爾成為這個議題的象徵。像赫爾這樣的地方能夠提供真正的替代方案嗎？

赫爾雖然很特別，但是其他地方也有源自十九世紀精神病院或治療性農場社群的寄宿社區，為少數可以到這些地方生活的幸運兒，提供替心理疾病患者量身打造的完善計畫。我參觀過其中幾個地方，包括波克夏爾的顧爾德農場（Gould Farm）以及北卡羅萊納州阿什維爾附近的庫柏雷斯（CooperRiis），並在那裡看見許多以前州立醫院值得讚賞的地方。在這些地方，高夫曼說的職員和院民之間的隔閡幾乎消失了，取而代之的是友情，而且每個人都有工作可做：乳牛需要擠奶、玉米需要收成。在顧爾德農場共餐時，我常常無法分辨誰是員工、誰是住民，住民之後往往會變成員工。群體感、夥伴情誼、工作和發揮創意的機會、對那裡每個人的個體性表現出來的尊重——這些東西都還會再搭配精神治療和藥物。

在理想的情況下，藥物的用法通常相對節制。這些地方的病患很多都能在數個月或一、兩年後「畢業」，進入較獨立的生活方式，甚至可能回到職場或校園，只需要持續獲得較輕度的支持和諮商（當然，思覺失調症和躁鬱症是終身疾病）。對許多人而言，擁有充實滿足的人生，症狀鮮少或甚至完全沒有復發是有可能的。

這些寄宿機構的費用雖然高（一年超過十萬美元，一部分是家族捐獻，其他則是由私人捐款資助），但還是比在醫院住一年的花費少上許多，更別提其中牽涉到的人力成本。可是，美國只有少數幾間機構比得上這些地方，總共可以容納的人數只有幾百名。

其餘百分之九十九資源不足的心理病患只得接受不當的待遇和無法使他們發揮潛力的生活。今天，有數百萬名心理疾病患者依然是我們這個社會最不受到支持、權利最受剝奪、最被排斥的一群人。可是，從庫柏雷斯和顧爾德農場這樣的地方，以及艾琳·薩克斯等人的經驗就能清楚明白，思覺失調症和其他心理疾病不見得會一直退化下去（雖然也是有可能繼續退化），在理想情況下且資源充足時，就連病得最重、被認定預後「無望」的患者，也有可能過著既滿足又有生產力的生活。

生命未完待續

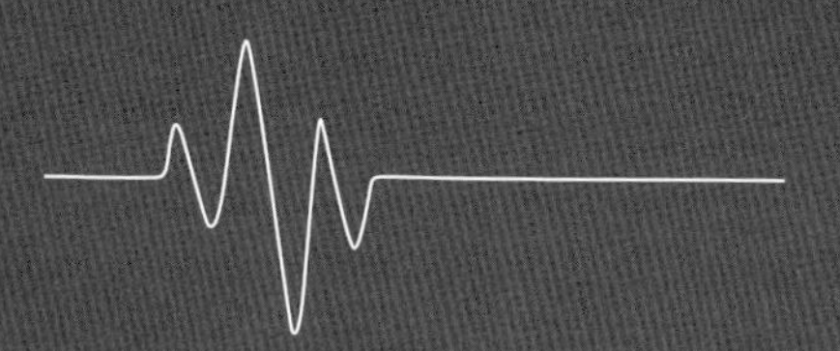

有人在那裡嗎？

小時候，我最早讀的其中一本書，就是H．G．威爾斯（H. G. Wells）在一九〇一年出版的小說《月球上最早的人類》（*The First Men in the Moon*）。書中的兩個角色卡沃和貝德福德在日出前降落到一個看似荒蕪、沒有生命的坑洞。太陽升起後，他們發現這裡有大氣層，看到了小池子和小漩渦，地面上還散落著小小的圓形物體。其中一個圓形物體被溫暖的陽光照射到之後，蹦開來露出一抹綠。卡沃說：「是種子。」接著又非常輕聲地說：「是生命！」他們點燃一張紙，擲到月球的表面。紙張發出火光，升起一縷輕煙，顯示這裡的大氣層雖薄，卻富含氧氣，可供給他們所知道的生命。

水、陽光（能量來源）和氧氣是威爾斯認為生命必須具備的條件。這本書的第八章〈月球上的早晨〉讓我第一次接觸太空生物學。❶

早在威爾斯的年代，人們就已知道太陽系大部分的行星都不適合生命存活。唯一可能取代地球的是火星，因為它是固體、大小適中、軌跡穩定、距離太陽不會太遠，因此其表面溫度範圍似乎最有可能讓液態水存在。

但是，游離氧這種氣體要在什麼情況下才會出現在大氣層？除非行星本身會不斷製造大量氧氣，足以氧化地表所有的礦物，同時讓大氣層持續充滿氧氣，否則氧氣怎麼不會被地表上的二價鐵和其他易氧化的化學物質給吃乾抹淨？

可以確定是藍綠藻使地球的大氣層充滿氧氣，而且這個過程花了超過十億年。光合作用是藍綠藻發明的，它們會捕捉太陽的能量，將地球形成初期大量存在的二氧化碳和水結合起來，創造出醣和碳水化合物等複合分子，然後再貯存起來，有需要時從中獲取能量。這個過程會產生游離氧，而這個「廢棄產物」便在之後決定了演化的未來走向。

雖然一顆行星的大氣層若存在游離氧，絕對是生命的標記之一，而且可以很容易在系外行星的光譜中偵測到，但這卻不是生命的必備條件。畢竟，行星形成時並不存在游離氧，而且可能終其一生都不會出現游離氧。氧氣出現之前，厭氧生物就已大量存在，

❶ 威爾斯在《月球上最早的人類》想像了生命的起源，並在《世界大戰》想像了生命的終結。在《世界大戰》這本書，火星人發現自己的星球愈來愈乾燥、大氣層愈來愈薄，情急之下決定攻占地球（結果卻受到地球的細菌感染而滅亡）。威爾斯受過生物學家的訓練，非常清楚生命的堅韌與脆弱。

在地球形成初期的大氣層中自由自在，把氮變成氨、硫變成硫化氫、二氧化碳變成甲醛等等（細菌可以使用甲醛和氨製造它們需要的各種有機化合物）。

太陽系或其他地方可能也有某些行星缺乏氧氣，但卻充滿厭氧生物。而且，這些厭氧生物不一定得生存在地表，也有可能像今天地球的厭氧生物那樣，出現在地表之下滾燙的排氣孔或硫磺熱點，更別提地下海洋和湖泊了。科學家認為，木星的衛星木衛二就有這麼一座地底海洋被封在數公里厚的冰層之下，探索這座海洋是本世紀的太空生物學重點之一。有趣的是，威爾斯在《月球上最早的人類》也想像生命源自月球正中央的一座海洋，然後往外擴散到不適合生物居住的邊緣地帶。

我們不確定生命是否一定會「前進」、演化是否必須要發生，或者是否有可能達到一個令人滿意的現狀。像是最早在五億年前的寒武紀就已經出現的腕足動物，至今基本上都沒有改變。不過，有機體似乎有變得愈來愈有組織和愈來愈能有效保存能量的傾向，至少在環境條件快速變遷時是如此（例如寒武紀之前）。證據指出，地球上最早出現的原始厭氧生物為原核生物。原核生物是一種簡單微小的細胞，只有細胞質，通常會被細胞壁包覆，但是幾乎或完全沒有任何內部構造。

原核生物雖然原始，但仍是高度複雜的有機體，具有不容小覷的遺傳和代謝機制。連最簡單的原核生物都能製造超過五百個蛋白質，DNA 包含至少五十萬個鹼基對。在原核生物演化出來之前，肯定有更原始的生命形式存在。

或許就像物理學家弗里曼．戴森 (Freeman Dyson) 所說的，更早之前還存在著一種「原生命」，能夠代謝、生長和分裂，但是缺乏精準複製的任何遺傳機制。在那之前，肯定發生過數百萬年純粹化學屬性的無生物演化，像是數十億年來甲醛和氰化物、胺基酸和肽、蛋白質和自我複製的分子等物質的合成。這些化學作用可能是發生在微小的囊泡裡；囊泡會在溫度差異極大的液體交會時產生，例如太古宙海洋中央滾燙的熱泉四周，很可能就有發生過這種狀況。

然而，漸漸地（這些過程發生的速度跟冰河流動一樣緩慢），原核生物變得更加複雜，出現了內部結構，如細胞核、粒線體等。微生物學家琳恩．馬古利斯 (Lynn Margulis) 認為，這些所謂的真核生物，是在原核生物把其他原核生物融入自己的細胞之中而產生的。這些被融合的有機體起初跟宿主共生，後來變成宿主不可或缺的胞器，讓最後形成的有機體得以運用原本對它們而言屬於有毒物質的氧氣。

地球早期生命史所經歷的兩個重要演化變遷——從原核生物到真核生物、從厭氧生物到好氧生物——花了將近二十億年的時間完成。接著，又得再經過十億年，生命才會脫離微生物的層次，最早的多細胞有機體才會出現。因此，假如地球的歷史可供參考，我們不該期待能夠在一顆還很年輕的行星上找到任何高等生物。即使生命已經出現，一切順利演進，大概也得經過數十億年的演化過程才會進展到多細胞生物的階段。

此外，這些演化「階段」（包括從最初的多細胞形式演化到擁有智力和意識的生物）要發生的機率很小，就像史蒂芬·傑·顧爾德（Stephen Jay Gould）和理查·道金斯（Richard Dawkins）用不同的方式比喻的那樣。顧爾德說生命是「一場光榮的意外」；道金斯則把演化喻為「攀登不可能的山巔」。而且，生命一旦演化出來，還會面臨各式各樣的變化與無常，包括隕石、火山爆發、全球氣溫過熱或過冷、演化的死胡同、神祕的集體滅絕，最後還有可能（如果有演化到這麼後面的話）必須面對某個有辦法掌握生命走向的物種，例如人類。

地球最古老的岩石（超過三十五億年）保留了一些微化石，所以生命肯定是在地球冷卻到水足以變成液態之後的一到兩億年內出現的。這驚人的快速轉變會讓人以為，只要出現對的物理和化學條件，生命就能輕易出現，甚至是一定會出現。

可是，有誰能夠很有自信地說，宇宙間有跟地球相似的行星存在？會不會地球在物理、化學和地質方面都是獨一無二的？就算真有其他「適合生命生存」的行星存在，生命要誕生必須仰賴無數個物理和化學的巧合與偶然，所以生命真的出現的機率有多大？

關於這點，科學家提出各種意見。生物化學家賈克·莫諾 (Jacques Monod) 把生命視為極不可能的神奇意外，不太可能出現在宇宙間的其他地方。他在《偶然與必然》(*Chance and Necessity*) 這本書裡寫道：「宇宙並沒有充斥著生命。」另一位生物化學家克里斯蒂安·德·迪夫 (Christian de Duve) 則提出異議，認為生命的起源是由許多步驟決定的，大部分的步驟「在盛行的條件下都有很大的機率會發生」。德·迪夫相信，整個宇宙不僅到處存在單細胞生物，還有擁有智力的複雜生物存在於數兆顆行星上。面對這些完全相反但理論上都站得住腳的觀點，我們該怎麼取捨？

地球上的生命確實可能源自其他地方。從阿波羅計畫 (Apollo missions) 帶回來的樣本可得知，月球上有不少早期的地球和火星隕石，地球上肯定有數千顆火星的隕石。克耳文男爵 (Lord Kelvin) 在一八七一年提出「帶有種子的隕石」這個概念，而瑞典化學家斯萬特·阿瑞尼斯 (Svante Arrhenius) 也在幾年後提出一個假說，認為太空之中飄浮著孢子，在其他星球種下生命（胚種論的概念在二十世紀被弗朗西斯·克里克（Francis

Crick〕、萊斯利．奧格爾〔Leslie Orgel〕，以及佛萊德．霍伊爾〔Fred Hoyle〕重新提起）。這個概念一百多年來都被認為是不可能的，但現在再度成為討論的話題，因為現在已有證據顯示，大型隕石的內部不會上升到滅菌的溫度，所以理論上細菌孢子或其他堅韌的生命形式有可能在隕石內存活，被隕石的軀殼保護著，不受到致命的高溫和輻射所害。在四百萬年前的重轟炸期，隕石是到處飛來飛去的，因此地球的碎塊那時候肯定有飛到外太空，火星和金星的碎塊也是（當時的火星和金星可能比地球更適合生命生存）。

我們所需要的、一定要得到的，就是其他星球或天體存在生命的確切證據。火星是明顯的可能人選，因為那裡曾經潮濕溫暖，有湖泊和海底熱泉，可能還有黏土沉積物和鐵礦。我們應該特別留意這些地方，假如證據顯示火星上曾經存在生命，我們必須確定生命是源自火星還是來自比較年輕、熱鬧、火山活動頻繁的地球（這是有可能的）。假如我們可以判定生命是自行在火星上發展出來（例如火星曾經存在跟我們不一樣的ＤＮＡ核苷酸），那會是一項非常了不起的發現，將改變我們對宇宙的看法，讓我們把宇宙視為「生物友善」（用物理學家保羅．戴維斯〔Paul Davies〕的話來說）的環境。這能幫助我們判斷在其他地方找到生命的機率有多大，而不是一直困在真空的數據之中、必然與獨特的兩個極端之間。

過去幾十年，科學家在我們這顆星球上一些原本沒想過的地方發現生命的蹤跡，像是海底的黑煙囪（black smokers）。在這些地方，有機體生活在生物學家曾一度認為絕對致命的條件之下。生命比我們曾經以為的還要強勁、堅韌許多。現在，我覺得微生物或它們的遺骸蠻有可能會在火星上、甚至是木星和土星的衛星上找到。

不過，要找到階級較高、擁有智力的生命形式存在的證據，似乎就不太可能了，而且可能性小很多（至少太陽系應該是如此）。但誰知道呢？宇宙是這麼廣大又歷史悠久，裡面肯定蘊含數也數不清的恆星和行星，而我們對於生命的起源和演化又充滿著不確定性。因此，這樣的可能性無法完全排除。此外，生物演化和地質化學的發展速度雖然奇慢無比，科技進展的速度卻是奇快無比。如果人類繼續生存下去，誰說我們在接下來一千年有什麼辦不到或無法發現的事物？

我自己的話，因為實在等不及了，所以偶爾會看看科幻小說，尤其是我最喜歡的威爾斯。雖然〈月球上的早晨〉是在一百年前寫的，卻跟日出一樣令人耳目一新，對我來說仍跟我第一次閱讀這本書的時候一樣，為我們最終碰見外星生命時可能的情景做出了最具詩意的想像。

鯡魚癡

如果有人在最近六月的某天下午，五點四十五分左右，來到曼哈頓中城的羅傑史密斯飯店十六樓，就會看見走廊聚集了令人困惑的一群人，當中有布魯克林的建築工、普林斯頓的數學系教授、來自阿魯巴島的一對夫妻、胸前抱著一個嬰兒的父親，還有下東城的藝術家。乍看之下，看不出來是什麼讓這個組成似乎相當隨機的團體齊聚一堂。不過，如果搭乘貨用電梯上來，一定會聞到一個絕不會認錯的香味，那是一條關鍵線索。五點五十九分，走廊上聚集了將近六十人。

六點整，活動會場的門開了，群眾紛紛湧入。會場正中央有一個打了燈光、蓋有桌巾、放了一大塊閃閃發亮冰磚的祭壇，上面擺滿數百條新鮮的鯡魚，是當季第一批貨，剛從荷蘭空運過來。這個祭壇祭祀的是鯡魚之神，每年春末，全世界的鯡魚愛好者都會舉辦祭典歡慶。

有很多書以鱈魚、鰻魚、鮪魚為主題，卻很少有書寫到鯡魚（麥克·斯米爾（Mike

Smylie〕的《鯡魚：銀色寶貝的歷史》〔*Herring: A History of the Silver Darlings*〕和W．G．澤巴爾德〔W. G. Sebald〕的《土星環》〔*The Rings of Saturn*〕的其中一個精彩章節是例外）。然而，鯡魚在人類史上扮演了非常重要的角色。中世紀時，漢撒同盟（Hanseatic League）曾將鯡魚小心分級定價，鯡魚也支持了波羅的海和北海，以及之後位於紐芬蘭和太平洋沿岸的漁場。鯡魚是全世界最常見、最便宜也最美味的魚類之一，做法百變，可滷、可醃、可發酵、可煙燻，或是直接生吃。牠們也是最有營養的魚類之一，富含omega-3，而且不像鮪魚或劍魚這種大型掠食者那樣體內累積很多汞。幾年前，世界上最年長的人——一位一百一十四歲的荷蘭婦女——說她認為自己這麼長壽就是因為每天吃醃鯡魚（另一位一百一十四歲的德州婦女則說她長壽是因為「只管自己的事」）。

鯡科有很多種，大小和味道都不一樣，包括大西洋鯡、沙丁魚（英國人很喜歡，常常搭配紅醬食用）和小小的黍鯡（連皮帶骨煙燻過後最好吃）。一九三〇年代，我在英國長大時，幾乎天天吃鯡魚，早餐吃煙燻鯡魚、午餐可能有鯡魚派（我母親最愛的一道菜）、下午茶時間會在吐司上放煎鯡魚卵、晚餐則會吃鯡魚泥。可是，時代改變了，鯡魚不再是早餐和晚餐的必備料理，我們這些鯡魚癡只能在特殊的喜慶活動聚在一起吃到真正的鯡魚大餐。

鯡魚的偉大傳統，是由一間位於休斯頓街的商店羅斯父女(Russ & Daughters)所維繫，這個品牌當初是在一百多年前的下東城，從一個手推車開始發跡，至今仍販售全紐約最多種類的鯡魚。最近這次鯡魚祭就是羅斯父女舉辦的。

有些熱忱（可以稱為純真無邪的熱忱）是很棒的民主推動者。棒球、音樂、賞鳥是馬上就可以聯想到的幾個例子。在鯡魚祭，不會有人聊到股市或名人八卦。人們來這裡是為了吃鯡魚，好好品嚐、比較各種鯡魚。最純粹的食用方式，就是抓著新鮮鯡魚的尾巴然後緩緩放入口中。這種吃法會帶來非常大的感官刺激，尤其是當鯡魚滑下喉嚨時。

賓客會先從中間那張大桌子開始吃起，也就是放滿新一季鯡魚的祭壇。這些鯡魚跟北歐蒸餾酒一起吃下肚後，他們會往旁邊的桌子移動，品嚐生鯡魚、葡萄酒醃鯡魚、白醬鯡魚、俾斯麥鯡魚、芥末鯡魚、咖哩鯡魚，以及從冰島新鮮運來的肥嘟嘟油脂鯡魚。油脂鯡魚富含脂肪，使用鹽水滷成，可以存放二十年。這種魚是在波羅的海捕撈的，跟黑麵包、馬鈴薯和甘藍菜一樣，是東歐地區貧窮猶太人的主食。我父親在立陶宛出生，所以對他來說沒有什麼比得上油脂鯡魚，他這輩子每天都吃這道菜。

大約八點鐘左右，吃吃喝喝兩個小時後，大家的速度開始放慢。鯡魚愛好者漸漸離開飯店，邊走還邊跟同好討論自己最喜愛的料理。他們在萊辛頓大道漫步閒晃，吃過這樣一頓大餐後變得不疾不徐，整個人看世界的觀點完全改變。我們之中的紐約人日後還會在羅斯父女相見，其餘的人在吃完鮭魚心滿意足後，會睡上香甜的一覺，然後開始倒數明年的鮭魚祭。

再訪科羅拉多泉

到科羅拉多泉機場接我的豪華轎車司機要載我到布羅德穆爾，我對這個地方一無所知，但他說出這個地名時語帶敬意，並問：「你有去過那裡？」

我說沒有，我上次來科羅拉多泉是一九六〇年，當時我把棉被捲成一捲綁在後座，騎著摩托車在全美各地四處遊晃。他慢慢咀嚼這段話，最後說：「布羅德穆爾是個很奢華的地方。」

一點也沒錯，占地三千英畝的布羅德穆爾的確相當奢華，讓人聯想到赫斯特城堡，有一座湖泊、三座高爾夫球場、臥室使用仿造四帷柱床，還有討人喜歡、受過訓練的傭人，可以預先知道客人的每一個願望和行為，幫你拉開椅子、開門、提供晚餐建議。我很好奇，這種服侍過頭的行為可以做到什麼程度？看見我快要打噴嚏了，這些和和氣氣的制服小幫手會不會把一張面紙塞到我的鼻子下？這樣被服侍令我不太自在，我比較喜歡靜靜做我的事、自己開門、自己把椅子拉開、自己擤鼻涕。

後來，我來到布羅德穆爾眾多餐廳之中一間沒那麼正式的餐廳，別人說這裡只供應「簡單」的吧檯食物。我坐在餐廳外的戶外用餐區，一邊看著白雪靄靄的夏延山和美麗清澈的山巒天空，一邊吃著跟我頭一樣大的雞肉三明治。一架飛機在我眼前幾乎垂直升起，身後留下兩條閃亮的凝結尾。我不禁想，這會不會是附近美國空軍學院的飛機？畢竟，民間的飛機應該不可能有辦法那樣上升才是。我憶起一九六〇至六一年在全美各地旅行的時光，當時我曾有機會造訪該學院的教堂，其誇張三角的造型看起來彷彿是要發射到空中。

我那時候二十七歲，幾個月前剛抵達北美，先是一路搭便車穿越加拿大，接著來到加州。我十五歲還生活在戰後的倫敦時，就愛上了這個地方。加州象徵著約翰·繆爾 (John Muir)、繆爾伍茲國家紀念森林、死亡谷、優勝美地、安塞爾·亞當斯 (Ansel Adams) 鏡頭下高聳的自然景觀、阿爾伯特·比爾施塔特 (Albert Bierstadt) 畫筆下充滿詩意的畫作。加州意味著海洋生物學、蒙特里以及史坦貝克 (John Steinbeck) 的著作《罐裝巷》(*Cannery Row*) 裡那個浪漫的海洋生物學家「博士」。

在當時的我眼裡，美國不僅幅員遼闊，道德上也很開放寬廣。在英國，人從張開嘴那一刻起就被分成工人階級、中產階級或上流階級；不同階級的人不會打交道，相處起來很不自在。這樣的體制雖然不是正式的，但是就跟印度的種姓制度一樣嚴謹、無法跨越。那時候，我腦海中想像的美國是一個沒有階級的社會，每個人無論出身、膚色、宗教、教育或職業，都可以把彼此當成同類、同胞，教授跟貨車司機說話，那些分類也不會介入。

我在一九五〇年代騎著摩托車遊歷英國時，淺嚐、瞥見了這樣的民主與平等。就連在僵化的英國，摩托車似乎也能跨越隔閡，在每個人心中開啟某種社交自在感與和善本質。有人會說：「這車真不錯。」然後藉此展開對話。小時候，我便看過爸爸的摩托車帶來這樣的結果（他的車有邊車，所以可以帶上我），長大後有了自己的車，我又經歷相同的情形。摩托車族都很友善，路上遇到彼此會揮揮手，在咖啡廳碰見也很容易就交談起來。我們在大社會之中自成一個浪漫的無階級社會。

我在一九六〇年來到舊金山，當時只有申請短期簽證，除了身上的衣服之外，幾乎一無所有。我得等八個月才能拿到綠卡，開始在舊金山的一間醫院實習，因此在那段期間，我想用最真實、毫無遮掩、直接的方式看看這個國家，而在我看來，騎摩托車就是最好的方式。我跟人借了點錢，買了一輛老舊的BMW，身上只帶一條棉被和半打空白筆記本，便出發見識遼闊的美國。我走國道66號，行經加州、亞利桑那州、科羅拉多州……，接著在一九六一年年初來到空軍學院的門外。

學院充滿年輕、理想主義的學生，他們對當時易受感動的我來說全是英雄。幾個月前，我曾志願進入加拿大皇家空軍，但他們想要我擔任生理學研究人員，可是我想駕駛飛機，飛行對我來說仍充滿魅力。在我心裡，飛行員就像空中的摩托車騎士，戴著護目鏡、皮革頭盔和厚厚的飛行皮衣，享受著飛行的狂喜、冒險犯難，就跟聖修伯里❶一樣（說不定也跟他一樣注定英年早逝）。

因此，這些年輕的軍校學生——無論是他們的年紀、志向、樂觀與理想主義——都讓我感同身受。在那我還愛著自己夢想中的美國的時期，這就是我在初次與美國魔幻相遇之後所抱持的純淨憧憬之一。那個美國擁有廣大的空間、山脈與峽谷，年輕、天真、無邪、強壯、開放，跟許久以前的歐洲一樣，而且巧的是，還有一位年輕優秀的總統領頭。

然而，不久後我在很多方面都幻滅了。甘迺迪的死幾乎就像我自己出了事似的。但

---

❶編按：法國作家、飛行員，《小王子》作者。

是，在一九六一年的那個春季，二十七歲的我，充滿活力、希望與樂觀。那天，科羅拉多泉和空軍學院使我的心雀躍不已，因喜悅和驕傲怦怦跳著。

而四十三年後的今天，我坐在這個豪華的假伊甸園，突然覺得這些回憶很荒唐（可是我們絕對不能瞧不起年輕的自己）。我在椅子上挪動了一下身子，跟我彷彿有心電感應的侍者又端了一罐啤酒給我。

公園大道的植物學家

紐約人在星期六早上會做的怪事一籮筐。至少，當駕駛人看見公園大道鐵路棧橋巨大的路堤貼著一排人，十幾個人拿著放大鏡和單筒望遠鏡察看微小的石縫時，心裡肯定是這麼想。路人投以異樣的眼光，有的還問問題，甚至拍照。警察停下巡邏車，用懷疑或困惑的眼光看著這群人，然後才發現我們許多人身上穿的衣服印有「美國蕨類學會」(American Fern Society) 或「蕨類超蕨酷」(Ferns Are Ferntastic) 等字樣。我們來這裡是要參加美國蕨類學會的聚會，跟托里植物學會 (Torrey Botanical Society) 一起進行週六早晨的蕨類踏行活動。這個活動已經舉辦一百多年，地點通常是在比較鄉野的地方，但這次我們的目標就在公園大道的高架橋，因為這裡有很多縫隙和破碎的灰泥，非常容易找到在裂縫中求生存的耐旱蕨類。這些蕨類跟大部分的蕨類不同，可以忍受長時間的乾旱，一場大雨過後又恢復生命力。

美國蕨類學會是業餘愛好者的學會，創立於有很多業餘玩家和博物學家的維多利亞時代，達爾文是我們的偶像。我們的會員包含詩人、學校老師、汽車修理技師、神經科醫師、泌尿科醫師，還有其他各色人等。我們性別比例相當，年齡層從二十歲到八十歲都有。那天早上，除了我們這些蕨類植物迷，還有兩個托里植物學會的年輕苔蘚植物迷，他們的機構創立於一八六〇年代，只比美國蕨類學會早幾年，由植物學家和業餘玩家組成。他們跟蕨類迷「泡在一起」，但是有興趣的東西其實是苔類、蘚類和地衣類植物。對他們而言，蕨類有點太過現代，就像開花植物對我們而言太過先進一樣。

人們通常以為蕨類植物都很纖弱、喜歡潮濕環境，雖然很多蕨類確實如此，但也有些蕨類堪稱地球上最堅韌的植物。比方說，在新形成的熔岩流上，蕨類一定是第一個長出來的東西，因為地球的大氣層充滿了蕨類的孢子。公園大道路堤上最常見的蕨類是鈍羽岩蕨，每一個孢子囊含有六十四個孢子，而每株植物的蕨葉下方都有數以千計的孢子囊，因此一棵植株很容易就有百萬個孢子，甚至更多。一旦孢子降落在適合生長的地方，你就能看出蕨類為什麼是植物世界最厲害的機會主義者。化石紀錄中有所謂的「蕨類尖峰」，顯示世界上大部分的植物和陸地動物在白堊紀晚期出現大滅絕後，生命又以蕨類形態爆發回歸。

那天早上帶領踏行的有紐約植物園的年輕植物學家兼蕨類專家麥克．桑德（Michael

Sundue）及植物插圖師伊莉莎白．格瑞葛斯（Elisabeth Griggs）。我們從棧橋西側開始探索（那側早上曬不到太陽），沿著公園大道移動，正對車流。踏行活動的邀請函上寫道：「研究植物時，風險自行承擔。」

桑德說：「這是配子體的理想棲地。下過雨後，細細的水流會慢慢流下來，溶解灰泥，形成耐石灰的鈍羽岩蕨的理想媒介。」他在一片苔蘚之中發現了小小的心形配子體，沒有蕨葉，看起來一點也不像蕨類。那對苔蘚迷夫妻檔很高興地發現它長得更像蘚類，但這其實是蕨類繁殖週期一個關鍵的中間階段，其表面有雄性和雌性的生殖器官，受精之後會長出兩片小小的蕨葉，形成新的蕨類植株。桑德指著一株成熟的鈍羽岩蕨，上面有小小的黑色傘狀構造，稱作孢膜，可以替孢子囊提供遮蔽。孢子囊散播孢子的時機到了，就會啟動一個天才的彈弓機制，將孢子彈到風中。孢子有可能飄散好幾公里，如果降落在一個潮濕合適的環境，就會長成配子體，展開新的繁殖週期。

桑德在頭上的高處看到一株巨大的岩蕨附在岩石上，幾乎寬一百八十公分。他說：「這棵年紀很大，幾十歲了。有些種類可以活得很久。」有人問他，蕨類看不看得出老化的跡象，他猶豫了一下，因為這並不清楚。蕨類通常會一直長，直到體積大到食物無法供給、被競爭者驅逐，或是長得太重掉到地上（岩蕨遲早會發生這種事）。有的植物園看得到百歲以上的龐大蕨類。這些植物跟我們這些更專精的生命型態不同，我們的端粒壽命有限、容易突變、代謝會愈來愈衰退，因此注定死亡。不過，連在蕨類身上也能明顯看得出來幼年狀態。幼年的岩蕨很可愛，有著春意盎然的亮綠色，小小的跟嬰兒的腳趾頭一樣，而且非常柔軟脆弱。

第九十三和一〇四街之間只找得到岩蕨，但是到了下一個街區，我們發現一株沼澤蕨，雖然這裡的環境一點也不像沼澤。這棵蕨類附著在離地約二點五公尺高的牆面，桑德像表演特技般跳高，拉了一片蕨葉下來。我們把蕨葉傳過一輪，用大功率的鏡片細細察看，或拿瑞士刀解剖維管束。

團體中有一位來自托里植物學會的被子植物女士，她在沼澤蕨附近發現一棵開花植物，流出黏稠的白色汁液。她說，那是萵苣屬的植物。這學名讓我想起以前熱愛海洋生物學的日子，突然喚回了我對石蓴這種可食海帶的回憶。我還想到萵苣鴉片(lactucarium)這個舊時的單詞，《牛津英語詞典》將它定義為「各種萵苣的濃縮汁液，用來作為藥物使用」。

這些名稱全都令人難以抗拒，而我們接下來遇到的蕨類更有一個聽起來跟神經學很有關係的名字，那就是密密麻麻長滿第一〇四到一〇五街棧橋表面的一種鐵角蕨。桑德說，這種蕨類在這個地區原本很少見，但是現在其分布範圍正往北邊和東邊擴張。有時，植物會因為一個較合適的棲地被創造出來而遷徙。紐約的岩石偏酸，對這些喜愛鹼性的蕨類不利，但使用灰泥建造的人工建築可以為這些喜愛石灰的植物提供避風港。可是，巨大的公園大道棧橋早在十九世紀就建造了，比人們認為鐵角蕨開始擴張的時間早了許多。或許這裡有一些局部的溫暖點（城市充滿了出人意料的熱島），也或許這是全球暖化的另一個跡象，又或許以上兩者皆是。

我們在第一〇五到一〇六街之間找到珠子蕨，它看起來非常乾、狀況很不好，於是我熱心地用自己的水瓶給它澆澆水。桑德說，我若定期給這裡所有的珠子蕨澆水，它們就會變成優勢蕨類，完全改變棧橋的生態。

接下來，我們看到另一個名稱取得很美的紫色旱蕨，長在最陰暗處的一些植物會呈現深藍色，幾乎是靛青色、接近紫色。我們沒有人知道為什麼會這樣。那個藍只是一種蠟質的角質層，還是像某些蝴蝶或鳥類翅膀上的金屬藍那樣，是一種繞射產生的顏色？有些蕨類會轉為螢光藍，那是為了吸收更多光線演化而來的策略。在強光底下，這株旱蕨會不會變成綠色的？我們採集一些回去，想使用不同的亮度進行實驗。

第一〇九到一一〇街之間是目前為止最豐富多樣的街區。這裡除了長了格瑞葛斯最喜歡的冷蕨（其他地方都沒有），還有很酷的「走路蕨」，就像一隻伸長四肢的長臂猿那樣，每隔一段距離就會長出吸芽，大步跨越石塊。

然後，突如其來、莫名其妙地，蕨類在第一一〇街停止生長。從那裡繼續往北，淨是一片令人驚駭、毫無生氣的荒蕪，彷彿有人決定抹滅所有隱花植物的蛛絲馬跡。沒有人知道為什麼會這樣，但我們很快就跨到棧橋陽光普照的那側，開始重新往南移動。

來自穩定島的問候

在二〇〇四年的年初，一支由俄國和美國科學家組成的團隊宣布他們發現兩個新的化學元素，分別是113和115號。像這樣的宣布總會令人精神抖擻、心情振奮，聯想到發現新大陸，因為自然界的新領域被揭發了。

「元素」這個現代概念在十八世紀末才被清楚地定義出來，指的是無法透過任何化學方法加以分解的物質。十九世紀初期，在化學界相當於大型獵物獵人的漢弗里．戴維「捕獲」了鉀、鈉、鈣、鍶、鋇等元素，讓科學家和一般大眾興奮不已。在接下來的一百年間，新的元素不斷被發現，激發人們的想像力。一八九〇年代，大氣層中有五個新元素被發現，很快就被H．G．威爾斯寫進小說：《世界大戰》裡的火星人有用到氬，而《月球上最早的人類》的英雄人物則是使用氦製造出反重力材質，把自己運到月球。

最後一個自然存在的元素錸是在一九二五年發現的。接著，一九三七年又發生一件同樣令人興奮的事件：有一個新元素被「創造」出來，這個元素似乎不存在於自然界。

這個第 43 號元素被取名為「鎝」(technetium)，以強調這是人類科技的產物。

原本人們以為世界上只有九十二個元素，最後一個是鈾，有著龐大的原子核，包含九十二個質子和數量比這多上許多的中性粒子（中子）。可是，誰說這樣就沒了呢？我們有沒有可能創造出排在鈾之後的元素，即使這些元素不存在於自然界？一九四〇年，格倫．T．西博格 (Glenn T. Seaborg) 和他的同事在加州的勞倫斯伯克利國家實驗室 (Lawrence Berkeley National Laboratory) 成功製造了一個在巨大的原子核裡含有九十四個質子的新元素。他們無法想像有任何元素可以比這還要龐大，因此將新元素取名為 "ultimium"（「終極」之意，後來該元素又被重新命名為鈽）。

科學家認為，這些擁有巨大原子核的元素之所以不存在於自然界，是因為它們太不穩定了，原子核裡有愈來愈多質子互相排斥，很容易自發分裂。確實，西博格和他的同事努力製造一個比一個還重的元素（在之後的二十年間，他們創造出九個新元素，第 106 號被命名為𨭎〔seaborgium〕，便是為了紀念他），發現這些元素愈來愈不穩定，有的才剛創造出來，就在短短幾微秒之內分裂。因此，若假定我們可能永遠無法超越第 108 號元素、認為這真的是「終極」元素，似乎是很有依據的。

接著，在一九六〇年代晚期，有人提出關於原子核的革新概念，也就是質子和中子是排列在「殼層」之中（就像在原子核周圍繞來繞去的電子殼層）。這個理論認為，原子的原子核是否穩定，要看這些核殼有沒有被填滿，就像原子是否穩定要看其電子殼層有沒有被填滿一樣。根據計算出來的結果，要填滿這樣一個核殼的理想（或可說是「神奇」）質子數為一百一十四，而中子的理想數量為一百八十四。同時擁有這兩個數字的「雙重神奇」原子核雖然非常龐大，卻可能穩定度極高。

這個概念令人震驚、非常矛盾，跟黑洞或暗能量的概念一樣，既怪異又叫人興奮，導致就連西博格這樣理性的科學家也訴諸譬喻。他使用一片不穩定的海洋來比喻第101號到第111號愈來愈不穩定（有時不穩定到令人難以置信）的元素，表示如果不想辦法跳過這片海，就無法抵達他所謂的穩定島（一座由第112號到第118號元素組成的長形島嶼，中央是有著「雙重神奇」數字的第114號同位素）。「神奇」這個詞不斷被提起——西博格和其他科學家曾講到神奇山脊、神奇山脈和神奇的元素島。

這個觀點在全世界的物理學家心中縈繞不去。無論這是否具有科學重要性，抵達或至少瞥見這個神奇的領域在他們眼中成了必須做到的事。這當中也蘊藏了其他譬喻，我們可以把穩定島視為一個像愛麗絲仙境那般顛倒混亂的世界，裡面有各種奇特巨大的原子過著怪異的生活。或者，我們可以把穩定島想成奧德修斯❶心心念念的家園伊薩卡，是流浪者在不穩定的海洋上掙扎數十年後，最終抵達的避風港。

為了這個目標，科學家竭盡所有的心力和財力。伯克利、杜布納和達母斯塔特等國家實驗室龐大的原子擊破器和粒子對撞機都派上用場，並有眾多天才研究員奉獻一生在這件事情上。終於，在三十幾年後的一九九八年，一切努力都有了代價，科學家總算抵達這座神奇島嶼的外海。他們成功創造出 114 號的同位素，但是中子的數量比神奇數字少了九個。我在一九九七年的十二月見到格倫．西博格，他說他懷抱最久、最為珍貴的夢想就是親眼看見其中一個神奇元素。只可惜，114 號元素在一九九九年宣布創造出來時，西博格已經中風，可能永遠也不曉得他的美夢已經成真。

由於週期表上同一直行的元素屬於性質相近的同一個族，我們可以很有自信地說，第 113 號這個新元素是比 81 號元素鉈還要重的相似物。鉈是一種很重、柔軟似鉛的金屬，也是所有元素中最奇異的元素之一，有著非常瘋狂矛盾的化學屬性，讓早期的化學

❶ 編按：古希臘神話的英雄，史詩《奧德賽》的主角。

家不知道該把它放在週期表的哪一格。它有時候被稱作元素中的鴨嘴獸。那麼，比鉈更重的新元素「超級鉈」，是不是也一樣怪異？

同樣地，另一個新元素 115 號也肯定是比 83 號元素鉍還要重的相似物。我在寫這段文字時，面前就有一塊鉍，其稜柱般層層堆積的形態就好比小型的霍皮族村莊❷，表面閃爍著螢光氧化色彩。我不禁感到好奇，如果「超級鉍」也可以製造出這樣龐大的形體，會不會也跟鉍晶體一樣美麗，甚至更美？

要聚積這些超重元素的原子是有可能的，因為它們的半衰期可能有好多年，不像在它們之前的那些元素那樣幾秒鐘就會消失。第 111 號元素的原子是較重的黃金相似物，但它不到一毫秒就分解了，很難一次獲取超過一、兩顆原子，所以我們可能永遠也看不到「超級金」長什麼樣子。然而，假如我們能創造 113、114（超級鉛）和 115 號的同位素，其半衰期可能有好幾年、甚至幾百年，那我們就會得到三種密度極高的怪異金屬。

❷ 編按：霍皮族（the Hopi）是美國西南部眾多原住民族之一，居住於用泥磚或石磚搭建而成的梯型建築物，貌似鋸齒狀的金字塔。此處以霍皮族傳統建築比喻鉍晶體的形態。

當然，我們只能猜測113和115號擁有什麼樣的屬性，永遠無法預先知道任何新事物會有什麼實際用途或科學含義。一開始誰想得到鍺這個在一八八〇年代發現的怪異「半金屬」後來會對電晶體的發展如此重要？當初又有誰知道釹和釤等元素在純粹被當成稀奇古怪的東西一百年後，竟能用來製造磁場強度史無前例的永久磁鐵？

從某方面來說，這些問題都不重要。我們會想尋找穩定島，單純是因為它存在著，就像聖母峰一樣。但也跟聖母峰一樣，科學在驗證假說的同時其實蘊含深厚的情感。尋找神奇島嶼的過程證實了，科學絕對不像許多人所以為的那樣，只是冰冷的計算公式，而是充斥著熱情、渴望與浪漫。

閱讀印刷小字

我剛出版了一本新書，但卻無法閱讀它，因為我跟世界上其他數百萬人一樣視力受損。我必須使用放大鏡，可是這樣很麻煩，閱讀的速度也很慢，因為可見的範圍受到限縮沒辦法一次看一整行，更別說一整段。我需要大字版，這樣我就能像閱讀其他書本那樣，在床上或在浴室讀書（我大部分的閱讀活動都在這兩個地方進行）。我比較早期出版的著作有些有大字版，當我需要在公共場合朗讀時很有幫助。現在，別人告訴我印刷紙本沒有「必要」存在，因為我們有電子書，可以盡情放大字體。

可是，我不想使用 Kindle、Nook 或是 iPad，因為這些東西都有可能掉進浴缸或摔壞，而且我還是得用放大鏡操控。我想要一本以印了字的紙張製成的真正書籍，一本有重量、有書香的書籍，跟過去五百五十年以來的書籍一樣，可以讓我放進口袋或跟其他書本一起放在書架上，讓我的眼睛隨時都有可能不經意瞄到。

小時候，一些年長的親戚還有一位視力不好的同輩親戚會使用放大鏡閱讀。大字版的書籍在一九六〇年代問世，對他們以及所有視力欠佳的讀者來說，是一大福音。專門替圖書館、學校和個人讀者出版大字版書籍的出版社開始興起，書店或圖書館一定能找得到這種書。

我的視力在二〇〇六年一月開始退化，讓我不知道該怎麼辦。市面上雖然存在有聲書，我自己也錄過幾本，但我是典型的讀者，不是聽者。我一直都是一個根深蒂固的讀者，往往可以自動把頁碼或某些段落和書頁的樣子記在腦中，並能馬上找到我大部分書的特定段落。我想要屬於我自己的書，希望跟書本的編碼變得親密熟悉。我的大腦被設計成閱讀腦，因此對我來說，大字版顯然是最好的解決方法。

可是，現在要在書店找到有品質的大字版很難。我最近去斯特蘭德書店時發現了這一點。這間書店因為有總長數公里的書架而聞名，我已經光顧五十年了。他們的確有一個（小小的）大字版專區，但是裡面的書大部分是工具書和垃圾小說，沒有詩集、劇本、傳記、科學，沒有狄更斯、珍·奧斯丁或任何經典，或是貝婁 (Saul Bellow)、羅斯 (Philip Roth) 或桑塔格 (Susan Sontag) 的作品。我走出書店後，感到既沮喪又氣憤：出版商難道以為視力受損的人，智力也受損嗎？

閱讀是一項非常複雜的活動，需要動用到大腦的許多部位，但人類不是透過演化獲得這個技能的（跟大體上屬於先天能力的口說不同）。閱讀是相對近期才發展出來的，大概在五千年前才出現，仰賴的是大腦視覺皮質一個小小的區域。我們現在所說的視覺詞形區位於大腦左後方附近的一個皮質區塊，負責辨識大自然中的基本形狀，但也可以重新運用，以辨識字母或文字。基本的形狀或字母辨識只是第一步。

視覺詞形區必須跟大腦其他許多部位建立雙向連結，包括負責文法、記憶、聯想和感受的部位，這樣字母和文字對我們來說才會產生特定的意義。我們每個人都會形成跟閱讀有關的獨特神經路徑，而且在進行閱讀這項活動時，也會結合自己獨特的記憶、經驗與感官模態。有些人一邊閱讀，一邊會「聽見」字的發音（我就會，但是僅限於休閒閱讀時，閱讀資訊的時候就不會），有些人可能會把文字視覺化，無論是有意識或下意識地這麼做。有些人可能對句子的節奏或重音特別敏銳，有些人則比較會察覺到樣子或形狀。

我在我的著作《看得見的盲人》曾寫到兩個病患，他們都是很優秀的作家，卻因為腦部的視覺詞形區受損而失去閱讀的能力（得到這種失讀症的患者可以寫字，但是看不懂自己寫的東西）。其中一人是小查爾斯．斯克里布納（Charles Scribner, Jr.），他自己就是出版商，熱愛印刷書籍，但是在生病後馬上改用有聲書進行「閱讀」，並且開始用口述、而非書寫的方式完成自己的著作，這樣的轉變對他來說很容易，似乎自然而然就發生了。另一個人是犯罪小說家霍華德．恩格爾（Howard Engel），他實在太習慣讀寫，無法輕易放棄，所以他繼續自己寫（而非口述）小說，並找到（或者該說想出）一個很不尋常的「閱讀」方式。他的舌頭會在牙齒後方描出單字的輪廓，因此他等於是用舌頭書寫的方式閱讀，運用皮質的運動和觸覺部位，這似乎也是很自然就發生的。這兩人的大腦運用自己獨特的長處和經驗找到了適合的解決辦法，適應喪失閱讀能力這件事。

對於一出生就眼盲、完全沒有視覺的人來說，閱讀本質上或許是一種觸覺經驗，透過觸摸點字完成。點字書跟大字版書籍一樣愈來愈難取得，因為大家都轉而使用比較便宜、容易取得的有聲書或電腦朗讀程式。但是，主動閱讀跟聆聽他人閱讀具有根本上的差異。無論是使用眼睛或手指主動閱讀，讀者都能夠自由跳過去或跳回來某些內容、重讀某段文字、讀到一半開始思索或想像，依照自己的步調閱讀。聆聽有聲書則是比較被動的經驗，必須接受他人聲音的各種變化，而且大致上是跟著朗讀者的步調。

假如到了生命晚期，我們被迫學習新的閱讀方式，以適應視力退化的狀況，我們必須要有適合自己的方式。有的人可能會從閱讀改成聆聽，有的人或許能閱讀多久就閱讀多久，有的人可能會將電子書閱讀器的字體放大，有的人則是用電腦放大閱讀。我從來沒有採用過這些新式科技，目前仍堅持使用老派的放大鏡（我有十幾個形狀和放大程度不同的放大鏡）。

書寫應該要以愈多形式呈現愈好；蕭伯納說，書本是這個物種的記憶。沒有任何一種書應該消失，因為我們全都是個體，有高度個人化的需求和喜好。這些喜好嵌入我們大腦的各個層次，我們個人的神經模式和網絡，會在作者和讀者之間創造極為私人的互動。

大象的步態

最近，科學期刊《自然》刊登了一篇相當有趣的文章，是由約翰．哈欽森（John Hutchinson）等人發表，篇名為〈快速移動的大象真的有在跑步嗎？〉（Are Fast-Moving Elephants Really Running?）。這項研究的實驗對象是四十二頭大象，牠們的肩、髖和四肢關節被漆上圓點做記號，接著研究者在牠們沿著三十公尺的跑道移動時加以錄影（跑道前後各有十公尺可讓牠們加速和減速）。從影像可以清楚看出，高速移動時，大象的步態會突然改變，但這並不容易解讀。牠們快速曳步而行的動作算是「跑步」嗎？

看見被做了記號的大象照片，讓我想起艾蒂安－朱爾．馬雷（Étienne-Jules Marey）在一百五十年前針對大象步態所進行的先驅調查，不過他當然不是使用錄影的方式，而是照相，給大象做記號的方式也差不多。巧的是，我才剛讀完一本跟馬雷有關的書，也就是瑪爾塔．布勞恩（Marta Braun）所寫的精采著作《拍攝時間》（*Picturing Time*），另外還有瑞貝卡．索尼特（Rebecca Solnit）備受讚譽的埃德沃德．邁布里奇（Eadweard James

Muybridge）傳記《陰影之河》（*River of Shadows*）。

馬雷和邁布里奇的生存年代幾乎一致，出生和死亡的時間都只相差幾星期。他們的姓名也有相同的首字母縮寫「EJM」，但是除此之外，這兩個人天差地遠。邁布里奇衝動、奔放，是個逍遙派的天才藝術家和攝影師，喜歡探索許多不同的創意面向，而馬雷則是沉靜、謙遜、專注、有條不紊，一輩子都在生理學實驗室進行創造。然而，他們的生命曾短暫交會，兩人的想法在這關鍵時期產生互動，激盪出一場變革，不但為電影攝影術的發展鋪路，還為科學創造出一個新工具，用來研究時間，探索藝術當中時間和動作的呈現。

邁布里奇這個名字廣為人知，他幾乎是美國的代表人物；反之，馬雷雖然生前很有名，現在卻已被世人遺忘。從很多方面來說，馬雷為世人留下的影響比邁布里奇深遠，但是其實這兩個人的交會所帶來的轉變更大，單獨一人無法實現。

馬雷畢生對動作充滿興趣，起初的研究對象是人體內部發生的動作和過程。他在這方面是個先驅，發明了脈波計、血壓繪圖和心跳描圖等，是我們今天在醫學界使用的機械設備的精妙前身。後來，他在一八六七年轉而研究動物和人類的移動動作。他運用壓力計、橡皮管和圖示紀錄法來測量一匹馬在疾馳和小跑時四肢的動作、姿勢及施加的力量。他把這些紀錄畫下來，放入西洋鏡旋轉，重新用慢動作建構馬匹的動作。

他顯然從沒想過要使用照相的方式，因為他和其他同時代的人肯定覺得這在技術上是做不到的。那時候的相機沒有快門，拍照時必須手動取下鏡頭蓋，然後再放回去，所以曝光時間要比一秒短上許多是不可能的。此外，攝影乳劑的感光度不夠，就算真的有辦法曝光不到一秒，可能也無法讓足夠的光線進入，在當時使用的那種速度極慢的濕版上創造影像。最後，就算真的用某種方法得到一張「瞬間」的照片，每張攝影底片都要花好幾分鐘沖洗，要怎麼在一秒內拍到十或二十張照片？

另一方面，天賦異禀的攝影師邁布里奇在一八七〇年代以前對動物的動作並無特別的興趣，雖然索尼特指出，他一直對那種轉瞬即逝感揮之不去，很想用照片「搞定」難以捉摸、短暫易逝的事物（他先前便研究過不斷變化的雲朵形狀）。直到邁布里奇認識了極其富有、擁有眾多賽馬的鐵路大亨利蘭．史丹佛（Leland Stanford），他未來的生涯才確立下來。

賽馬選手常常喜歡互相辯論疾馳中的馬兒有沒有四足同時離地，史丹佛下了龐大的賭注，於是聘請邁布里奇，看他能否拍到馬匹正在疾馳的照片。要做到這點，邁布里奇必須在技術上做出很大的進步，研發更快速的乳劑，並設計曝光時間兩百分之一秒的快門。克服這些技術困難之後，他在一八七三年成功洗出一張瞬間照片，顯示馬兒的確四足都同時懸在半空中（雖然照片不過就是一團模糊的剪影，史丹佛希望能拍得更有說服力一點）。

這件事並沒有到此為止，因為史丹佛此時收到並興奮地閱讀了馬雷剛出版的《動物機制：陸上與空中移動的專著》（*Animal Mechanism: A Treatise on Terrestrial and Aerial Locomotion*）。馬雷在書中極其詳盡地描述他記錄動物動作所使用的機械和氣動方法，並秀出他利用測量結果建構的圖片序列，證明他能使用西洋鏡把這些影像變得很生動（其中一張圖片顯示疾馳中的馬，所有的馬蹄都有離地）。史丹佛瞬間明白，馬匹在疾馳和小跑時做出的所有姿勢與動作理論上都能像這樣用攝影的方式捕捉，拍攝動作的奇蹟有可能實現。他告訴邁布里奇，他必須做到這件事。

邁布里奇是個非常優秀且富有創意的攝影師（他使用巨大的濕版相機從令人萬萬想不到的角度和視野拍下許多優勝美地的非凡照片，至今仍舊難以企及），因此他馬上看出，這件事難就難在如何讓馬匹拍下自己的照片。他想出一個絕妙的構想並將它臻至完美：在跑道上以同樣的間隔架設十二臺（後來增加到二十四臺）相機，讓馬兒在迅速通過時以極快的速度絆到快門的開關。最後，在實驗了四年之後，他終於在一八七八年發表他傳奇的系列照片。從來沒有人看過這樣的東西，藝術家幾百年來不斷嘗試捕捉疾馳中的馬匹的姿勢，卻都無法真正成功或達成共識，因為奔馳中的馬匹動作實在太快，肉眼看不清楚。

同一時間，馬雷還在使用自己那種費勁的研究方式。實驗了十一年後，他驚訝地在一本雜誌上看見邁布里奇的照片，便寫了一封語氣充滿迫切和欽慕的信件給雜誌編輯：「我對邁布里奇先生的瞬間照片佩服不已，您能否協助我聯繫他？」他心想，跟邁布里奇合作，最終一定可以讓他看見「所有想像得到的動物真正的移動方式……動態動物學」。他也跟邁布里奇做出同樣的預測，認為這種照片可能「變成一場藝術革命……因為藝術家將明白動作真正的姿勢，身體在不穩的平衡中擺出的姿勢是任何模特兒都做不出來的」。最後他說：「您看，我湧現無止盡的熱血。」

邁布里奇以慷慨大方的口吻回信，跟馬雷說是他「那本關於動物動作的名著啟發了……使用攝影解決移動問題的想法。」他們兩人後來在巴黎相見歡。

馬雷以他先前使用的「波動圖」（將動作中關節與四肢的連續姿勢以重疊、圖解的方式呈現出來）為基礎，構想出同樣原理的攝影法。他使用一臺相機，將鏡頭打開，在鏡頭後面插入一片可轉動的金屬圓盤，作為快門使用，這樣就能把十幾張成像疊印在一片板子上。這些合成照片把時間壓縮在同一個畫面，馬雷稱之為「連續照相照片」。這些照片不但視覺上很驚人（前期有一張著名的作品，顯示出貓咪在跌落地面期間翻滾回正的連續姿勢），也拍出邁布里奇的分格畫面拍不出來的準確視覺感，可以分析其中的生物力學。

接近一八八〇年代末期，有彈性的賽璐珞底片問世，邁布里奇和馬雷都發明了電影攝影機，不過他們對「電影」本身沒有興趣，只是像布勞恩說的那樣，想要「捕捉看不見的東西，而非重建看得見的東西」。

馬雷之後利用連續照相法研究體操選手和其他運動員、生產線工人以及水和空氣的移動和力量（他是第一個製造風洞的人），並成為水下縮時攝影的先驅，將海膽幾乎難以察覺的緩慢動作變得清晰可見、容易理解。邁布里奇把焦點放在社會互動和手勢的呈現上。然而，他們兩人都保留了對「動態動物學」的熱愛，也都在一八八〇年代中葉拍攝了移動中的大象。

邁布里奇回去使用他在史丹佛的牧場上所研發出來的技術，改以二十四臺相機為一組。然而，馬雷則是使用插盤快門的「攝影槍」，並用紙張給大象的關節做記號，成功在一片板子上拍下大象動作的每一個階段。板子上互相重疊、如鬼魅般的影像顯示了肩膀和髖部關節的垂直動作。這樣的合成照片讓人感受到動作的驚奇之處，感受到大象真正的動作和其中牽涉的精密機制，是邁布里奇相對靜態的照片無法傳達的。我讀到二〇〇三年《自然》所刊登的那篇文章時，腦海裡浮現的就是馬雷一八八七年的連續照片。

那篇二〇〇三年的研究運用了複雜的計時器、數位化和電腦分析（這些在一八八七年都還沒出現），證實快速移動的大象確實會同時跑步和走路：肩膀的垂直運動代表走路，髖部的垂直運動代表跑步。可以猜想，大象肯定是走得快、跑得慢，否則後肢會碰撞到前肢。我想，馬雷和邁布里奇知道這件事一定會很開心。

紅毛猩猩

幾年前參觀多倫多動物園的時候，我拜訪了一隻紅毛猩猩。她正在哺育她的寶寶，但是當我把長滿鬍鬚的臉貼在分隔她那片大草地的玻璃窗時，她輕輕放下寶寶，跑了過來，將她的臉和鼻子正對著我的臉，貼在玻璃的另一邊。我猜我的眼睛應該有動來動去觀察她的臉，但是她的眼睛特別吸引我。她明亮的小眼睛（也是橘紅色的嗎？）瞥來瞥去，觀察我的鼻子、下巴和臉上其他既屬於人類、也屬於靈長類的特徵，（我忍不住覺得）她把我當成同類，或至少是近親。接著，她凝視我的眼睛，我也凝視她的眼睛，像愛人一樣凝視著對方，中間只隔了一片玻璃。

我把左手貼在玻璃上，她馬上把右手也貼在我的左手。這兩隻手的相似度很明顯，我們都看得出來。我感到非常震驚美妙，心中浮現我從來沒在任何動物身上感受到的強烈親近感。她的動作似乎在說：「你看，我的手跟你的手一樣。」但這也是一種打招呼的方式，就像握手或擊掌。

然後，我們離開玻璃，她又回去寶寶身邊。

我一直都很喜歡狗和其他動物，但我從未感受過這隻靈長類同胞給我的那種即刻、互相的認同感和親屬感。

我們為什麼需要花園

身為作家，我認為花園對創作很有必要；身為醫師，我只要有機會就會帶病人到花園。我們每個人都曾經在茂密的花園或不朽的沙漠中遊蕩、漫步在河邊或海邊或者是爬山時，感覺自己既平靜又充滿活力、心靈活躍、身心舒暢。這些生理狀態對個人和社會健康具有根本和廣泛的重要性。從醫四十年來，我發現只有兩種非藥物的「療法」對慢性神經疾病的患者具有不可或缺的重要性，那就是音樂和花園。

我很小就接觸到花園的奧妙，那時候戰爭還沒發生，我的母親或小蓮阿姨會帶我去邱園這個很棒的植物園。我們家的花園有一般的蕨類，但卻沒有我在邱園第一次看到的金蕨、銀蕨、水蕨、膜蕨或樹蕨。我在邱園還看過亞馬遜王蓮巨大的葉子，並跟許多同時代的孩子一樣，嬰兒時期曾被放在其中一片大浮葉上。

在牛津讀書時，我很開心地發現另一座很不一樣的花園，那就是歐洲最早設立的築牆花園之一——牛津植物園。想到波以耳、胡克 (Robert Hooke) 和威利斯 (Thomas

Willis）等牛津名人十七世紀時可能曾在這裡散步沉思，我就感到心情愉悅。

每次到外地旅行，我都會盡可能去參觀當地的植物園，因為我認為植物園跟生活博物館或植物圖書館一樣，可以反映出時代與文化。十七世紀落成的阿姆斯特丹植物園便給了我這種強烈的感覺，它跟旁邊那座雄偉的葡萄牙猶太會堂屬於同一個年代，因此我總會想，史賓諾沙遭後者逐出教會之後，或許曾相當喜歡前者——他的「上帝或自然」理論是不是有一部分受到植物園所啟發？

帕多瓦的植物園年代更久遠，可回溯到一五四〇年代，是中世紀的樣式。在這裡，歐洲人第一次看見來自美洲和東方的植物，看見比他們親眼看過或想像中的任何東西都還奇特的植物形態。也是在這裡，歌德因為看到一棵棕櫚而構想出植物的蛻變理論。

每當我跟其他游泳和潛水愛好者一起到開曼群島、古拉索島、古巴等地，我也會尋找植物園，它們跟我浮潛或深潛時在身子底下看見的那些水下精緻花園正好形成對照。

我已在紐約住了五十年，有時候只有這座城市的花園讓我可以忍受這裡的生活，我的病患也是如此。我在貝絲亞伯拉罕醫院工作時，馬路對面就是紐約植物園。我發現，長期住院的病患最愛的事物就是參觀植物園了，他們談起醫院和植物園，就好像在說兩個不同的世界。

我無法確切說明大自然是如何對我們的大腦發揮這種平靜安定的效果，但我確實親眼在病患身上看見大自然和花園的修復與療癒力量，就連對神經方面出現嚴重殘疾的人也是如此。從許多案例來看，花園和大自然比任何藥物都還有效。

我的朋友羅威爾患有中重度妥瑞氏症，在平常那繁忙的城市環境中，他每天都會抽搐和發出聲音好幾百次，包括不由自主地咕噥、跳躍、碰東碰西。因此，有一天我們到沙漠健行時，我驚訝地發現他完全沒有抽搐了。那個地方很偏遠且毫不擁擠，再加上大自然具有某種無可名狀的平靜效果，因此緩和了他的抽搐舉動，使他的神經狀態暫時恢復「正常」。

我在關島認識一位患有帕金森氏症的老婦人，她經常出現僵直症狀且難以動彈（這是帕金森氏症患者常有的問題）。但是，只要我們帶她到花園裡，看見由植物和一座岩石花園組成的多樣環境，她便受到刺激，不用人協助就能在石頭上快速爬上爬下。

我有不少重度失智症或阿茲海默症的病人，對於周遭環境的方向感非常差，會忘記或想不起來怎麼綁鞋帶或使用廚具。可是，只要帶他們到花圃，給他們一些幼苗，他們一定知道怎麼做——我從來沒看過這樣的病患把植株給種反了。

我有很多病患都住在安養院或長期照護機構，因此這些地方的實體環境對於提升患者的身心健康來說非常重要。有些機構會主動運用開放空間的設計與管理來促進患者的健康。比方說，我在布隆克斯的貝絲亞伯拉罕醫院治療過《睡人》這本書提到的嚴重帕金森氏症腦炎後患者。在一九六〇年代，那裡有一個被大型花園圍繞的涼亭。擴大成擁有五百張病床的機構之後，大部分的花園都沒了，但仍保留一個種滿植栽的中央露臺，那對病患來說非常重要。那裡也有架高的花圃可讓眼盲病患觸摸、嗅聞植物，並讓坐輪椅的患者可以直接接觸花花草草。

我曾在安貧小姊妹會工作，他們在世界各地都設有安養院。這是一個天主教修會，源自一八三〇年代晚期的布列塔尼，後來在一八六〇年代傳到美國。當時，安養院或州立醫院等機構通常會有一個大型的菜園，也時常會有牧場。唉……這項傳統如今已經差不多消失了，不過安貧小姊妹會現在正試圖重新振興。他們在紐約的其中一個安養院便位於綠意盎然的皇后區郊區，有不少步道和長椅。有些院民可以自己走路、有些需要枴杖、有些需要助行器、有些需要輪椅，但是幾乎所有人只要天氣夠暖和，就會想到外面的花園呼吸新鮮空氣。

顯然，大自然喚起了我們內心深處的某個東西。對大自然和自然萬物的喜愛是人類生存前提不可或缺的一部分。想跟大自然互動或想管理、照料大自然的渴望，也深植在我們的內心。對於在無窗的辦公室長時間工作的人、住在城市社區沒有綠地可以接近的人、在城市的學校就讀的孩子，以及住在安養院等機構的人來說，大自然在健康和療癒上扮演的角色愈來愈重要。大自然的特質對健康的影響不僅侷限在心靈和情感層次，也跟生理和神經層次有關。我很肯定大自然反映了腦部生理機制、甚至構造的深沉改變。

銀杏之夜

今天十一月十三日，紐約落葉紛飛、四處飄揚。只有一個例外：銀杏的扇形葉子還牢牢附在樹枝上，雖然很多都已轉為金黃色。看著這棵美麗的大樹，不難想像它為什麼從古代就受人崇敬。銀杏千年來在中國的廟宇庭園中被小心保存下來，現在幾乎已在野外絕種，但它們卻有非凡能力可以在紐約的酷熱、冰雪、颶風、柴油黑煙等各種魔咒中存活下來。這座城市有數千棵銀杏，成年植株可長出十萬片葉子或更多。這些強韌、沉重的中生代樹葉跟恐龍食用的葉子差不多。銀杏科的植物在恐龍之前就已存在，現在唯一僅存的種類 *Ginkgo biloba* 是個活化石，兩億年來基本上都沒有變。

比較後來才演化出來的被子植物，如楓樹、橡樹、山毛櫸等，樹葉會在變乾轉褐之後的數個星期慢慢掉落，但是裸子植物的銀杏卻是一次全部掉光。植物學家彼得．克萊恩 (Peter Crane) 在他的著作《銀杏》(*Ginkgo*) 裡寫到密西根州有一棵非常大的銀杏，「多年來，人們都會比賽看誰猜中了銀杏落葉的日期。」克萊恩說，通常這件事發生時是「一致到令人毛骨悚然」。他引用了詩人霍華德・內默羅夫（Howard Nemerov）的詩句：

十一月下旬尚未凍寒時，
矗立在人行道旁的銀杏，
一夕之間落下所有葉片，
既未受風吹也未受雨打，
只因時機到了全體一致，
昨日還在高處灑下光芒，
金葉綠葉現已散落滿地。

銀杏是對某種外在訊號有反應，如溫度或光線變化，還是對某種遺傳編碼的內在訊號有反應？沒有人知道這種同步性背後的機制是什麼，但可以肯定的是，這跟銀杏很古老有關，因為它跟比較現代的樹有非常不一樣的演化路徑。

今年會是十一月二十、二十五、還是三十日呢？不管是哪一天，每棵樹都會有自己的銀杏之夜。大部分的人在銀杏落葉時都睡著了，所以很少人會看到這個景象，但是到了早上，銀杏樹底下將鋪滿數以千計沉重的金扇子。

濾魚

猶太魚丸不是一種家常菜，通常只有正統猶太家庭在安息日不能開伙時才會吃。小時候，我媽媽星期五下午都會提早下班，在安息日開始前花時間準備猶太魚丸和其他猶太菜餚。

我們家的猶太魚丸主要食材是鯉魚，並會加入梭子魚、冰鰕虎魚，有時會有鱸魚或烏魚（魚販會將活魚放在水桶中送來）。魚必須去鱗、去骨，然後放入絞碎機。我們家有一臺很大的絞碎機，附在廚房桌面，我媽媽有時會讓我轉動機器的把手。接著，她會把魚漿跟生蛋、無酵餅粉、胡椒和糖混合在一起。我得知，立陶宛猶太人的魚丸用的胡椒比較多，所以我的母親便是這麼做——我父親是在立陶宛出生的猶太人。

我媽媽會把魚漿揉成直徑約五公分的球狀，一到一點五公斤的魚可以做十幾顆大魚丸。接著，她會把魚丸跟幾片紅蘿蔔一起水煮。猶太魚丸冷卻後，會出現極為細緻的魚凍，小時候的我很喜歡吃這些魚丸和凝結的魚凍，搭配不可或缺的辣根。

我原本以為我再也吃不到我媽媽做的那種猶太魚丸，但是四十幾歲時，我找到一個廚藝極佳的家管海倫．瓊斯（Helen Jones）。海倫做菜從不看食譜，總是即興創作。她在得知我的喜好後，決定做做看猶太魚丸。

她每個星期四早上抵達後，我們會一起去布隆克斯買東西，第一站是萊迪格大道上由一對長得像雙胞胎的西西里兄弟所經營的魚店。雖然魚販很樂意賣鯉魚、冰鮍虎魚和梭子魚給我們，但我完全不曉得虔誠的非裔美籍基督徒海倫是不是真的有辦法烹煮猶太美食。然而，她的即興做菜能力的確很強大，她做的猶太魚丸（她都稱那叫「濾魚」〔filter fish〕，發音近似猶太魚丸的英文“gefilte fish”）非常好吃，我不得不承認確實跟我母親做的一樣美味。海倫每次做濾魚都會進行改良，使我的朋友和鄰居也愛上了這道菜，就連海倫的教會朋友也是。我喜歡想像她的浸信會教友在聚會時大啖猶太魚丸的畫面。

一九八三年我五十歲生日時，她做了一大碗猶太魚丸，足夠五十位生日賓客享用。《紐約書評》的編輯鮑伯．史威爾斯（Bob Silvers）是賓客之一，他實在太喜歡海倫的猶太魚丸了，想請她做給他所有的員工吃。

海倫替我工作十七年後去世，讓我悲傷不已，我也不想再吃猶太魚丸了。跟海倫的珍饈相比，我覺得超市販售的那種大量製造的罐頭猶太魚丸難吃極了。

但是現在，在我生命的最後幾個星期（除非有奇蹟發生），我幾乎吃什麼都反胃，而且除了液體和凍狀的固體之外什麼也吞不下，這讓我重新發現猶太魚丸帶給我的喜悅。我雖然一次只能吃五十到八十公克，但是清醒的時候每小時吃一點猶太魚丸，就能讓我補充迫切需要的蛋白質（猶太魚丸的魚凍跟牛蹄凍一樣，向來被視為體弱多病者的寶貴食物）。

現在，每天都有不同的商家送猶太魚丸來，不管是百老匯大道上的莫瑞（Murray's）、羅斯父女、沙布列（Sable's）、扎巴爾（Zabar's）、巴尼綠草（Barney Greengrass）或第二大道熟食店（the Second Avenue Deli），他們都有自己做猶太魚丸，我全都喜歡（雖然他們都比不上我母親或海倫做的）。

雖然我對猶太魚丸有意識的記憶是從四歲左右開始，但是我懷疑更早之前我就愛上這個味道了，因為魚丸凍非常營養，是正統家庭在孩子從嬰兒食品過渡到固體食品時，常常會給寶寶吃的食物。猶太魚丸將領我離開這個人世，就像它在八十二年前領我進入這個世間一樣。

生命未完待續

我最喜歡的阿姨是小蓮阿姨，她八十幾歲時告訴我，她這輩子適應新事物（噴射機、太空旅行、塑膠等）向來不太困難，卻很難適應老東西的消失。她有時候會說：「馬兒都跑到哪裡去了？」在一八九二年的倫敦出生的她，小時候常常看到馬車和馬匹。

我自己也有類似的感受。幾年前，我跟姪女莉姿走在米爾巷，離我小時候在倫敦長大的房子不遠。我在一座鐵路橋停下來，因為我小時候很喜歡在橋上的欄杆俯身前傾。我看著一輛輛電動和柴油火車駛過，過了幾分鐘，莉姿不耐煩地問：「你在等什麼呀？」我說我在等蒸汽火車。她看著我，彷彿我瘋了。

她說：「奧立佛叔叔，蒸汽火車已經停駛四十年以上了。」

對於某些新事物，我並不像我阿姨適應得那麼好，或許是因為科技進展帶來的社會變遷實在太快、太大了。我無法習慣看見街上的人們盯著手上的小盒子或把小盒子拿在自己的臉前方，漫不經心地走在車流之中，跟周遭環境毫無連結。最令我震驚的是那些分心的年輕父母，他們會一邊牽著小孩或推著嬰兒車，一邊盯著手機，完全忽視自己的寶寶。這些孩子得不到父母的關注，肯定覺得受到冷落，這對他們造成的影響將來一定會顯現出來。

菲利普・羅斯 (Philip Roth) 在他二〇〇七年的小說《鬼魂退場》(*Exit Ghost*) 寫到，對一個離開紐約隱居十年的作家而言，這座城市出現了巨大變化。他被迫聽到四面八方傳來的手機對話，忍不住心想：「過去這十年來發生了什麼事，為什麼大家突然有這麼多話好說、這麼多急迫的事情一定要馬上說出口？……我不認為有人能夠相信，醒來的時候有一半的時間在一邊走路一邊講電話，這樣還叫做人生。」

這些小裝置在二〇〇七年已經如此不祥，現在更是讓我們生活在比那時候還密集、還令人投入、還去人類化的虛擬現實之中。

每一天，我都必須面對老舊文明習慣的完全消失。社交生活、街坊生活、對周遭人事物的留意，這些現象大抵上都消失了，或至少，在大城市是如此，因為絕大多數的城市人現在幾乎是毫不間斷地黏在手機或其他裝置上，吱吱喳喳、傳訊息、玩遊戲，愈來愈轉向各種虛擬現實。

今天，所有一切都可能公諸於世：你的想法、照片、一舉一動、購買紀錄。在這個不斷使用社群媒體的世界，人們沒有隱私，似乎也不怎麼渴望隱私，每分每秒都必須拿著裝置不放。困在這個虛擬世界裡的人永遠不會是獨自一人，永遠無法靜靜地用自己的方式專注和體察。在很大的程度上，他們放棄了文明的舒適與成就，包括享受孤獨與休閒、做自己，以及全神貫注思索一件藝術作品、一個科學理論、一次夕陽西下或所愛之人的臉龐的經驗。

幾年前我受邀參加一場座談會，主題是「二十一世紀的資訊與溝通」。其中一位與談人是網路先驅，他驕傲地說自己的女兒年紀輕輕就每天上網十二個小時，獲取了前一輩人不可能得到的資訊廣度和範疇。我問他，她有沒有讀過珍．奧斯丁的小說或任何一本經典著作，他說：「沒有，她沒有時間讀那些東西。」我說，那麼她可能對人類本質或社會沒有任何真正的了解，並表示她的腦袋雖然塞滿各種廣泛的資訊，但是那跟知識不一樣，她的心智一定既淺薄又沒有中心。半數觀眾發出喝采，半數觀眾發出噓聲。

值得注意的是，E．M．佛斯特（E. M. Forster）在一九〇九年的短篇故事〈機器停止了〉（The Machine Stops）便設想過很類似的情境。在故事中，他想像人類未來會住在地底下一個個獨立的小房間裡，從來沒見過彼此，只透過聲音和影像裝置互相溝通。這個世界不鼓勵原創思維和直接觀察，人們被教導要「小心一手觀點！」「那個機器」提供了一切的舒適、滿足了所有的需要——跟人類接觸的需求除外。有一個年輕人庫諾透過類似Skype的軟體跟母親通話，哀求說：「我希望不經由機器看見妳，我希望不經由那令人厭煩的機器跟妳說話。」

他對投入忙亂、無意義生活的母親說：「我們喪失了空間感……我們喪失了部分的自我……妳難道看不出來……我們正在消亡，那裡唯一真正活著的東西是那臺機器？」

我對我們這個著魔沉迷的社會，也愈來愈常有這種感覺。

當一個人生命的盡頭愈來愈近，他或許可以這麼安慰自己：生命會延續下去，就算他自己不會，至少他的下一代或他創造出來的東西會。雖然他無法再對自己的肉體抱持希望，任何肉體死亡後也不可能有「靈魂」繼續存在（對不相信靈魂的人來說），至少他可以在這方面投注希望。

然而，如果這個人像我現在一樣，感覺養育自己、自己曾經付出最好一切的那個文化最後竟受到威脅，或許就會認為創造、貢獻、影響他人是不夠的。

雖然我有朋友、世界各地的讀者、這輩子的回憶以及寫作帶來的喜悅給我的支持與動力，但是我跟許多人一樣非常擔憂這個世界的幸福，甚至存活。

知識界和道德界最高層級的人物也表達了這樣的擔憂。身為皇家天文學家、同時也是皇家學會前會長的馬丁．里斯 (Martin Rees) 並不是一個會杞人憂天的人，但他卻在二〇〇三年出版了一本書《終點：科學家警告本世紀的恐怖活動、錯誤和環境災難將威脅人類的未來》(*Our Final Hour: A Scientist's Warning—How Terror, Error, and Environmental Disaster Threaten Humankind's Future in This Century*)；再近期一點，教宗方濟各出版相當了不起的淵博著作《願祢受讚頌》(*Laudato Si*)，深刻探討了人類引起的氣候變遷現象、普遍的生態浩劫、窮人的迫切狀態、消費主義日漸嚴重的威脅，以及科技的濫用。傳統的戰爭現在還加入種族滅絕、極端主義和恐怖主義，規模前所未見，有時還會刻意破壞人類遺產，摧毀歷史文化本身。

這些當然令我擔憂，但卻與我有些距離。我更憂心的是，意義和親密交流正以難以察覺的方式普遍消失在我們的社會和文化中。

我十八歲時第一次讀到休謨的著作，對他一七三八年出版的《人性論》(*Treatise of Human Nature*) 所描繪的未來感到相當驚恐。他在書中寫到，人類「不過就是由各種不同的感知組合而成，這些感知以難以想像的速度接連出現，永遠不斷在變動」。身為神經科醫師，我看過許多病患因大腦記憶系統被破壞而出現失憶的狀況，忍不住覺得，這些人喪失了任何過去與未來感，被困在轉瞬即逝、不斷變化的混亂感知之中，某種程度上已經從人類變成休謨所描述的那種生物。

我只要走到我所居住的社區西村的街道，就能找到數以千計這樣的休謨生物，他們大多是從小在社群媒體時代長大的年輕人，完全沒有經歷過以前的一切，沒有抵抗數位生活誘惑的免疫力。我們現在看見的、給自己帶來的，就好比規模極其巨大的神經系統崩壞事件。

雖然如此，我依然斗膽地希望，人類及其豐富的文化無論如何還是能夠存活下來，儘管是在備受蹂躪的地球上。有人認為藝術是文化的砥柱、是人類的共同記憶，但是我認為思想深厚、成就和潛力都讓人清楚感受到的科學也同等重要。好的科學比以往都還要蓬勃發展，只是由於需要不斷進行自我檢測和實驗，因此前進的速度十分緩慢謹慎。雖然我非常崇敬文字、藝術和音樂，但是在我看來，唯有科學搭配道德、常識、遠見以及對窮苦之人的關懷，這個世界才有擺脫當前困境的希望。教宗方濟各的教宗通諭便明確表達出這點，而這不只可以透過集權化的龐大技術實踐，也能仰賴世界村的工人、匠人和農人來完成。我們絕對可以攜手合作，把這個世界從當前的危機之中拯救出來，抵達前方更快樂的將來。我正在面對自己即將離世的事實，必須如此相信——相信人類和地球會存活下去，相信生命會繼續，相信這不會是我們的終點。

參考書目

Alexander, Eben. 2012. *Proof of Heaven: A Neurosurgeon's Journey into the Afterlife*. New York: Simon & Schuster.

Braun, Marta. 1992. *Picturing Time: The Work of Etienne-Jules Marey (1830–1904)*. Chicago: University of Chicago Press.

Cohen, Donna, and Carl Eisdorfer. 2001. *The Loss of Self: A Family Resource for the Care of Alzheimer's Disease and Related Disorders*. New York: Norton.

Coleridge, Samuel Taylor. *Encyclopaedia Metropolitana* (reprinted in The Friend as "Essays as Method").

Crane, Peter. 2013. *Ginkgo: The Tree That Time Forgot*. New Haven: Yale University Press.

Crick, Francis. 1981. *Life Itself: Its Origin and Nature*. New York: Simon & Schuster.

Crick, Francis, and Leslie Orgel. 1973. "Directed Panspermia." *Icarus* 19: 341–46.

Crick, Francis, and Graeme Mitchison. 1983. "The Function of Dream Sleep." *Nature* 304 (5922): 111–14.

Custance, John. 1952. *Wisdom, Madness and Folly: The Philosophy of a Lunatic*. New York: Pellegrini.

Davy, Humphry. 1813. *Elements of Agricultural Chemistry in a Course of Lectures*. London: Longman.

——. 1817. "Some Researches on Flame." *Philosophical Transactions of the Royal Society of London* 107: 145–76.

——. 1828. *Salmonia; or Days of Fly Fishing*. London: John Murray.

Dawkins, Richard. 1996. *Climbing Mount Improbable*. New York: Norton.

DeBaggio, Thomas. 2002. *Losing My Mind: An Intimate Look at Life with Alzheimer*'s. New York: Free Press.

——. 2003. *When It Gets Dark: An Enlightened Reflection on Life with Alzheimer*'s. New York: Free Press.

de Duve, Christian. 1995. *Vital Dust: Life as a Cosmic Imperative*. New York: Basic Books.

Dewhurst, Kenneth, and A. W. Beard. 1970. "Sudden Religious Conversions in Temporal Lobe Epilepsy." *British Journal of Psychiatry* 117: 497–507.

Dyson, Freeman J. 1999. *Origins of Life*. Second edition. Cambridge: Cam-bridge University Press.

Edelman, Gerald M. 1987. *Neural Darwinism: The Theory of Neuronal Group Selection*. New York: Basic Books.

Ehrsson, H. Henrik, Charles Spence, and Richard E. Passingham. 2004. "That's My Hand! Activity in the Premotor Cortex Reflects Feeling of Ownership of a Limb." *Science* 305 (5685): 875–77.

Ehrsson, H. Henrik, Nicholas P. Holmes, and Richard E. Passingham. 2005. "Touching a Rubber Hand: Feeling of Body Ownership is Associated with Activity in Multisensory Brain Areas." *Journal of Neuroscience* 25 (45): 10564–73.

Ehrsson, H. Henrik. 2007. "The Experimental Induction of Out-of-Body Experiences." *Science* 317 (5841): 1048.

Erikson, Erik, Joan Erikson, and Helen Kivnick. 1987. *Vital Involvement in Old Age*. New York: Norton.

Forster, E. M. 1909/1928. "The Machine Stops." In *The Eternal Moment*. London: Sidgwick and Jackson.

Freud, Sigmund. 1900. *Interpretation of Dreams*. Standard edition, 5.

Gajdusek, Carleton. 1989. "Fantasy of a 'Virus' from the Inorganic World." *Haematology and Blood Transfusion* 32 (February): 481–99.

Goffman, Erving. 1961. *Asylums: Essays on the Social Situation of Mental Patients and Other Inmates*. New York: Anchor.

Goldstein, Kurt. 1934/2000. *The Organism*. With a foreword by Oliver Sacks. New York: Zone Books.

Gould, Stephen Jay. 1985. *The Flamingo's Smile: Reflections in Natural History*. New York: Norton.

Gray, Spalding. 2012. *The Journals of Spalding Gray*. Edited by Nell Casey. New York: Vintage.

Greenberg, Michael. 2008. *Hurry Down Sunshine*. New York: Other Press.

Groopman, Jerome. 2007. *How Doctors Think*. New York: Houghton Mifflin.

Hobbes, Thomas. 1651/1904. *Leviathan*. Cambridge: Cambridge Univer-sity Press.

Holmes, Richard. 1989. Coleridge: *Early Visions*, 1772–1804. New York: Pantheon.

Hoyle, Fred, and Chandra Wickramasinghe. 1982. *Evolution from Space: A Theory of Cosmic Creationism*. New York: Simon & Schuster.

Humboldt, Alexander von. 1845/1997. *Cosmos*. Baltimore, Md.: Johns Hopkins University Press.

Hume, David. 1738/1874. *Treatise of Human Nature*. London: Longmans, Green.

Hutchinson, John, Dan Famini, Richard Lair, and Rodger Kram. 2003. "Biomechanics: Are Fast-Moving Elephants Really Running?" *Nature* 422: 493–94.

Ibsen, Henrik. 1888/2001. *The Lady from the Sea. In Four Major Plays*, vol. 2. Translated and with a foreword by Rolf Fjelde. New York: Signet Classics.

Jackson, J. Hughlings. 1894/2001. "The Factors of Insanities." Classic Text No. 47. *History of Psychiatry* 12 (47): 353–73.

Jamison, Kay Redfield. 1993. *Touched with Fire: Manic-Depressive Illness and the Artistic Temperament*. New York: Free Press.

——. 1995. *An Unquiet Mind: A Memoir of Moods and Madness*. New York: Knopf.

Jelliffe, Smith Ely. 1927. *Post-Encephalitic Respiratory Disorders*. Washing-ton, DC: Nervous and Mental Disease Publishing Co.

Joyce, James. 1922. *Finnegans Wake*. London: Faber and Faber.

Karinthy, Frigyes. 1939/2008. *A Journey Round My Skull*. With an intro-duction by Oliver Sacks. New York: New York Review Books.

King, Lucy. 2002. *From Under the Cloud at Seven Steeples, 1878–1885: The Peculiarly Saddened Life of Anna Agnew at the Indiana Hospital for the Insane*. Zionsville: Guild Press of Indiana.

Knight, David. 1992. *Humphry Davy: Science and Power*. Cambridge: Cambridge University Press.

Kurlan, R., J. Behr, L. Medved, I. Shoulson, D. Pauls, J. Kidd, K. K. Kidd. 1986. "Familial Tourette Syndrome: Report of a Large Pedigree and Potential for Linkage Analysis." *Neurology* 36: 772–76.

Liveing, Edward. 1873. *On Megrim, Sick-Headache, and Some Allied Dis-orders: A Contribution to the Pathology of Nerve-Storms*. London: Churchill.

Lowell, Robert. 1959. Draft manuscript for *Life Studies*. Houghton Library, Harvard College Library.

Luhrmann, T. M. 2012. *When God Talks Back: Understanding the Ameri-can Evangelical Relationship with God*. New York: Knopf.

Marey, E. J. 1879. Animal Mechanism: *A Treatise on Terrestrial and Aerial Locomotion*. New York: Appleton.

Margulis, Lynn, and Dorion Sagan. 1986. *Microcosmos: Four Billion Years of Microbial Evolution*. New York: Summit Books.

Mayr, Ernst. 1997. *This Is Biology: The Science of the Living World*. Cam-bridge, Mass.: Belknap Press of Harvard University Press.

Merzenich, Michael. 1998. "Long-term Change of Mind." *Science* 282 (5391): 1062–63.

Monod, Jacques. 1971. *Chance and Necessity: An Essay on the Natural Philosophy of Modern Biology*. New York: Knopf.

Nelson, Kevin. 2011. *The Spiritual Doorway in the Brain: A Neurologist's Search for the God Experience*. New York: Dutton.

Neugeboren, Jay. 1997. *Imagining Robert: My Brother, Madness, and Sur-vival*. New York: Morrow.

——. 2008. "Infiltrating the Enemy of the Mind." Review of *The Center Cannot Hold*, by Elyn Saks. *New York Review of Books*, April 17.

Parks, Tim. 2000. "In the Locked Ward." Review of *Imagining Robert*, by Jay Neugeboren. *New York Review of Books*, February 24.

Payne, Christopher. 2009. *Asylum: Inside the Closed World of State Mental Hospitals*. With a foreword by Oliver Sacks. Cambridge, Mass.: MIT Press.

Penney, Darby, and Peter Stastny. 2008. *The Lives They Left Behind: Suit-cases from a State Hospital Attic*. New York: Bellevue Literary Press.

Podvoll, Edward M. 1990. *The Seduction of Madness: Revolutionary Insights into the World of Psychosis and a Compassionate Approach to Recovery at Home*. New York: HarperCollins.

Provine, Robert. 2012. *Curious Behavior: Yawning, Laughing, Hiccupping, and Beyond*. Cambridge, Mass.: Belknap Press of Harvard University Press.

Rees, Martin. 2003. *Our Final Hour: A Scientist's Warning—How Terror, Error, and Environmental Disaster Threaten Humankind's Future in This Century*. New York: Basic Books.

Rhodes, Richard. 1997. Deadly Feasts: *Tracking the Secrets of a Terrifying New Plague*. New York: Simon & Schuster.

Roosens, Eugeen. 1979. *Mental Patients in Town Life: Geel—Europe's First Therapeutic Community*. Beverly Hills: Sage Publications.

Roosens, Eugeen, and Lieve Van de Walle. 2007. *Geel Revisited: After Cen-turies of Mental Rehabilitation*. Antwerp: Garant.

Roth, Philip. 2007. *Exit Ghost*. New York: Houghton Mifflin Harcourt.

Sacks, Oliver. 1973. *Awakenings*. New York: Doubleday.

——. 1984. *A Leg to Stand On*. New York: Summit.

——. 1985. *The Man Who Mistook His Wife for a Hat*. New York: Summit.

——. 1992. *Migraine*. Rev. ed. New York: Vintage.

——. 1995. *An Anthropologist on Mars*. New York: Knopf.

——. 2001. *Uncle Tungsten*. New York: Knopf.

——. 2007. *Musicophilia: Tales of Music and the Brain*. New York: Knopf.

——. 2010. *The Mind's Eye*. New York: Knopf.

——. 2012. *Hallucinations*. New York: Knopf.

——. 2015. *On the Move*. New York: Knopf.

Saks, Elyn. 2007. *The Center Cannot Hold: My Journey Through Madness*. New York: Hyperion.

Sebald, W. G. 1998. *The Rings of Saturn*. New York: New Directions.

Sheehan, Susan. 1982. *Is There No Place on Earth for Me*? New York: Houghton Mifflin Harcourt.

Shelley, Mary. 1818. *Frankenstein; or, The Modern Prometheus*. London: Lackington, Hughes, Harding, Mavor & Jones.

Shengold, Leonard. 1993. *The Boy Will Come to Nothing! Freud's Ego Ideal and Freud as Ego Ideal*. New Haven: Yale University Press.

Shubin, Neil. 2008. *Your Inner Fish: A Journey into the 3.5-Billion-Year History of the Human Body*. New York: Pantheon.

Smylie, Mike. 2004. Herring: A History of the Silver Darlings. Stroud, UK: Tempus.

Solnit, Rebecca. 2003. *River of Shadows: Eadweard Muybridge and the Technological Wild West*. New York: Viking.

Wells, H. G. 1898. *The War of the Worlds*. London: Heinemann.

——. 1901/2003. *The First Men in the Moon*. New York: Modern Library.

國家圖書館出版品預行編目資料

初戀和最後的故事：關於大腦、生命和愛，奧立佛．薩克斯的記憶之書／奧立佛．薩克斯著；羅亞琪譯.——初版一刷.——臺北市：三民，2023
面； 公分.——(Insight)
譯自：Everything in its place: first loves and last tales.

ISBN 978-957-14-7616-2 （平裝）
1. 薩克斯 (Sacks, Oliver, 1933-2015) 2. 傳記 3. 神經學

785.28 112001533

Insight

初戀和最後的故事：關於大腦、生命和愛，
奧立佛．薩克斯的記憶之書

作　　者　奧立佛．薩克斯
譯　　者　羅亞琪
責任編輯　王柏雯
美術編輯　黃子庭

發 行 人　劉振強
出 版 者　三民書局股份有限公司
地　　址　臺北市復興北路 386 號 (復北門市)
　　　　　臺北市重慶南路一段 61 號 (重南門市)
電　　話　(02)25006600
網　　址　三民網路書店 https://www.sanmin.com.tw

出版日期　初版一刷 2023 年 3 月
書籍編號　S880030
I S B N　978-957-14-7616-2

三民書局